# 重口味心理学

## 我们内心的小怪兽

HARDCORE PSYCHOLOGY

姚尧 —— 作品

湖南文艺出版社
博集天卷

# 目 录

### 第一章 疯癫的天才
——"双相情感障碍"中隐藏的天才与疯子之间的秘密 / 001

### 第二章 不要跟金钱发生性关系
——恋物癖 / 013

### 第三章 这个世界上的另一些"你"
——罕见的多重人格及治疗 / 023

### 第四章 人的大脑为什么会沦陷？家暴、骗爱、传销
——那些人类生活中暗藏的"上瘾关系"之谜 / 043

### 第五章 你是否有过某种奇怪的冲动，想要从高楼一跃而下？
——意想不到的强迫症的真相 / 061

### 第六章 分手你就要我的命？
——反社会人格障碍中的"情杀"真相 / 087

**第七章　如何让你在短时间内拥有天才的记忆能力**
　　——神奇的记忆宫殿 / 097

**第八章　时间也摆脱不了的阴影**
　　——创伤后应激障碍 / 109

**第九章　与人打交道是对我生命的巨大损耗**
　　——社交恐惧症和它的朋友们 / 139

**第十章　三位一体负面认知摧残大法**
　　——其实你没能真的懂抑郁症 / 157

**第十一章　违背我们的意愿**
　　——性侵 / 167

**第十二章　游走在天堂和地狱两极**
　　——边缘型人格障碍 / 179

**第十三章　谁在操纵你？**
　　——操纵与反操纵 / 191

**第十四章 真的存在"盗梦空间"吗？**
——神奇的催眠术 / 203

**第十五章 人世风灯，向死而生**
——我们如何接纳生命中的遗憾与缺失 / 213

**第十六章 就算我跑得再快，也无法摆脱这样的命运**
——如何摆脱丧，得到幸福？ / 225

第一章

# 疯癫的天才

——"双相情感障碍"中隐藏的天才与疯子之间的秘密

## HARDCORE PSYCHOLOGY

有一句很知名的话,"天才在左,疯子在右"。

早在2000多年前,哲学家亚里士多德就说过:"凡是伟大的天才都带有疯狂的特征。"而在现实生活中,也确实有很多著名的艺术家,患有严重的精神疾病,比方说,精神分裂,画出"斑点密集"作品的日本画家草间弥生;"性格偏执,用明亮的色彩复仇"的文森特·凡·高;"从小就癫狂,把梦境转化为画作"的达利等。

那么天才与疯子之间是否真的存在某种联系?它们又是怎样联系的?

这里,我要为大家介绍一种不为很多人熟知的心理疾病,叫作双相情感障碍。我们以这个病为例,来说明天才与疯子之间的秘密关系。

我们要讨论的问题包括——

第一章
疯癫的天才

什么是双相情感障碍？
双相情感障碍中的躁狂发作是什么样子的？
天才与疯子之间是否真的存在某种联系？
它们又是怎样联系的？

## 躁郁的"过山车"

有人认为，双相情感障碍是抑郁症的升级版，其实也有几分道理。双相情感障碍又叫作躁郁症，顾名思义，是时而抑郁，时而躁狂。相较于抑郁症的单一状态，它还多了一层躁狂的折磨，所以这个病，要比抑郁症"刺激"得多。

患上双相情感障碍的人，一会儿感到自己处于世界之巅，精力过人，一会儿却感到堕入黑暗深渊，孤僻、抑郁并且想自杀。躁狂和抑郁交替进行，就像坐上永不停止的过山车，从兴奋的巅峰跌入绝望的谷底，心境跌宕起伏，惊心动魄，充满了戏剧性。

## "飞向无垠的苍穹"

有一句话是这么形容躁狂发作时的感受的，叫作"飞向无垠的苍穹"。这句话形容得非常到位，真的，当躁狂发作时，你恐怕这辈子都没有如此感觉良好过，这是你此生此世的高光时刻，你感觉自己正矗立在宇宙之巅，拥有全世界至高无上的权力和最大的荣光。你甚至觉得此刻你与光同尘，你是万物之主，应该普度众生！所以，很多躁狂发作者会在这个时候捐出自己的全部积蓄，或者满大街撒钱。

除了这种巅峰体验外，躁狂发作时，患者的睡眠时间会大幅减少。此时，他们的身体就像开了挂，几乎不需要休息。比方说，即使三天加一起只睡了4个小时不到，仍然感觉神采奕奕，好像有着无穷无尽的旺盛精力，甚至可以在工作到深夜2点以后，还要到楼下跑上几个小时。

如果这个时候，你与双相情感障碍患者交谈，一定会感到毛骨悚然！为什么这么说？因为他们根本没有在"讲人话"，或者说，你根本听不懂他们在表达什么。他们语速飞快、咄咄逼人，半个句子还未吐完，又开始挤出下一个表达，最后，整场谈话都变成无意义的断句和混乱的词。而这些，双相情感障碍患者自己是全然不知的。他们这个样子，也是心理疾病中一个很典型的症状，不光出现在躁郁症中，更多的也出现在严重的精神分裂症中，这个症状有个好听的名字，叫作思维奔逸。

思维奔逸，又称为意念飘忽。它会让患者的思维如脱缰之野马，流转之快，以至句子只不过说到一半，就忘记刚开始想要说的是什么。各种想法、影像和词的片段，在头脑当中不断徘徊盘旋，相互追逐。五花八门的念头从思维的缝隙中挤进来，纠缠不清。好像所有神经元都堆积在头脑的高速路上，你越想让思维的速度慢下来，就越会意识到自己无能为力。而且，这些思维最终的归宿，会融为一潭没有任何意义的死水，变成患者一个人的胡言乱语的狂欢。

以上这些还不算是躁狂发作时最恐怖的表现，躁狂发作时最恐怖的

# 第一章
## 疯癫的天才

是出现幻觉。很多人都认为只有精神分裂症才会出现幻觉，殊不知，当躁狂进展到一定程度时，也会出现幻觉。

举个例子来说，有一天傍晚，一个双相情感障碍患者站在客厅中，眺望着窗外如血的残阳。忽然感到一束奇怪的光从她的眼睛里射出，与此同时，她看到自己的头脑中闪现出一台巨大的黑色离心分离机。一个穿着及地晚礼服的苗条背影慢慢靠近分离机，手中拿着一大管鲜血。就在这个人慢慢转身的时候，这个患者惊恐地发现，那个人正是她自己！她的礼服、披肩和白色手套上沾满了血迹。患者看着头脑中的人影，小心地将这一大管血液倒入离心分离机后部的小孔，合上盖子，然后按下了机器前部的一个按钮。离心分离机开始运转。

令人恐惧的是，之前只存在于她头脑中的影像，现在却活生生地出现在她的周围。她害怕得无法动弹。离心分离机旋转的声音，玻璃管碰撞金属的声音越来越大，然后，整台机器忽然破裂成了几千块碎片。血溅得到处都是，溅在窗户玻璃上、墙上、油画上，甚至渗透到地下。这个患者望向窗外，却发现窗户上的血液已经与夕阳融为一体，根本无法分辨其中的界限。她开始用尽全力拼命喊叫。机器旋转得越来越快，她已无法从血腥的场景和机器的碰撞声中挣脱出来……

### 🦇 天才与疯子间的神秘联系

那么，天才与疯子之间是否真的存在某种联系？

有位心理学家碰上了一件两难又充满讽刺意味的事。一个人，被诊断为躁狂症而住进了医院。这个人口头表达能力不是很好，不善于交流，但是，他可以通过画笔，简单明了地把自己的状况描画出来。这位心理学家就通过这种画画的方式跟他交流。

平日里，这位患者画出来的图案主要就是简单的方块、圆圈、叉和钩。但当他躁狂发作时，随便就能画出一个三维立体的盒子，并在里面画满了琳琅满目的水果。当医生让他还用画方块和圈来交流时，他全然不顾，受奔腾的想象力的驱使，他会在原有的画作上尽情舒展、发挥，很快就会在装着水果的盒子周围画上一群贪吃之人的众生相，然后又在这群人的背后画出光怪陆离、诡异夸张、莫可名状的他们出窍的"丑陋灵魂"……

无独有偶，这种情况也出现在另一位躁狂症者身上。这位患者喜欢画树，但是在没有躁狂发作时，他画的常是小小的、看起来营养不良、弱不禁风的、光秃秃的一棵冬日里的树。而进入躁狂状态后，他整个人都活络起来，这时他画的树不仅粗壮高大，枝叶丰满，还充满华丽的装饰和线条，有细微的藤蔓和卷曲的花纹，还有些不知是什么的东西。整棵树几乎要被这庞大的、巴洛克式的巨细无遗的画面给占去，看不到原来树的样子了。

这种强烈的艺术表现性，就连不懂艺术的医护人员也被深深触动。

过了一阵子后，当心理学家再次见到这两位患者时，他们都相当安静，因为刚服过药物。心理学家要其中一个人再画点什么，那位患者就只画了一个圆圈和叉,他没有添油加醋,也没有即兴想象,他说:"我再也没有看到什么东西了,以前所见的是那么真实、那么生动。是不是我接受治疗后,这一切都不再回来了?"

这是一件多么矛盾、残酷又讽刺的事:我们内在的生命力与想象力,可能一辈子都深藏不露,除非因为某种疾病,才有办法唤醒它,释放它!同时也证明了我们这个问题的答案,那就是天才与疯子之间,真的存在着某种联系!

## 精神疾病与天才之间"节奏的契合"

那么,疯子与天才,或者说精神疾病与天才之间又是怎样联系的呢?

它们之间的第一个联系,我们称之为"节奏的契合"。

双相情感障碍,这一独特的周期性疾病节律的变化,与自然界的循环往复和艺术作品中经常出现的"死亡与重生""黑暗与光明"的更替,有着惊人的相似!

"忧闷始于秋季,到春天'树木生长的时候'就转为兴奋"。早在2000多年前,医学之父希波克拉底就观察到,双相情感障碍多发于春秋两季。到了现代,双相情感障碍的节律模式,从临床角度看更是如此:情绪昼夜变化,睡眠普遍受干扰,发作具有季节性周期。双相情感障碍本身就是一种重要的节律!

而绝大部分艺术家的艺术创作也遵循这种"节律"特点。

这里我们拿两个艺术家来举例。第一个就是——著名的印象派画家文森特·凡·高。

凡·高是个有名的"病篓子",可以说差不多被诊断出所有人类已知的病症,还远远不止。这些病症包括:癫痫、精神分裂症、梅尼埃病等。但是很多人不知道的是,他身上所患的最典型的疾病,其实是双相情感障碍。

有人曾经列举出,他在1881—1890年的十年间,每一年的各个月份创作的油画、水彩画和素描的总量。结果发现,创作高峰总出现在夏秋两季,这与抑郁及躁狂发作的高峰有相当明显的重叠之处。凡·高自己也是一个懂得精神疾病、情绪及艺术创作上的"节奏"的人。

> 正是在秋季,整个星光照耀的苍穹和整个大地频繁地受到雷电震撼,因此,……形成雷电的种种条件才能共同促成。这时,一年中的回潮融合冷与热,这两者对在于寒冷中锻造雷电都是必需的!然后可能就有了对立的碰撞,被火与风烦扰的空气可能在狂暴的剧变中汹涌……这些就是一年中的紧要关头。

不管你有没有看懂,这段话归结起来的意思是秋季的重要。事实上,许多艺术家都把秋季看作他们最具灵感的季节。比如英国浪漫主义诗人约翰·克莱尔写道:"缪斯在那个季节总是频频光顾。"有趣的是,有证据表明,很多重大的数学和科学发现,也倾向于出现在春秋季。

还有一个艺术家的例子,就是德国作曲家罗伯特·舒曼。

在成年后,舒曼的绝大多数时间都受到间歇性抑郁和躁狂的折磨。

第一章
疯癫的天才

随着年龄的增大,他性情中忧郁、沉默的一面愈发凸显,这也是他在遭受无情的、毁灭性的抑郁摧残后蓄积的结果。

有人总结了舒曼这一生的艺术创作情况后发现,他的情绪状态和他的创作,在数量上有明显的相关:最抑郁时创作量最少,躁狂时创作量惊人。

## 震出"智慧瑰宝"的大脑地震

第二个联系,我们可以称之为"大脑地震"。

很多双相情感障碍患者,在接受治疗时,会被最新的磁共振扫描技术所带来的脑结构图里的惊人细节深深吸引,甚至沉醉于高清晰度扫描仪带来的色彩斑斓的画面中。在正电子发射断层扫描图中,抑郁状态下的大脑会呈现阴冷凝滞的深蓝、暗紫和墨绿色;而同样的大脑,在躁狂状态下,则会像圣诞树一样闪亮,呈现明亮的红色、黄色和橙色。科学用色彩无比精准地抓住了两大特点:抑郁期的冰冷死寂和躁狂期的生动亮丽。

每一次躁狂发作,宛若一次"大脑地震"。在这种超自然的"激荡"中,人的心智有时不仅会获得力量和敏锐,还可以获得从前从未展现过的天赋。比如,诗歌、辩论、音乐和绘画的天赋,以及在各个领域卓越的艺术独创性,都常常与这种疯癫状态有关。这种"大脑地震",如同自然界中的真实地震一样,将珍贵而优质的化石抛向地表。如若不是这样,这些化石将仍然被深埋在地面之下,对于它们的存在,土地所有者全然不知。

那么"大脑地震"是怎样把人类的"智慧瑰宝"给震出来的呢?

躁狂发作,尤其是轻症躁狂发作时,人的思考过程会发生两个很大的改变:思维流畅、敏捷及灵活度会提高;同时,也会对思维质量方面造成影响,也就是说,在大量的思维中会产生独特的构思和联想,这个便是我们所说的创造力!

因为有这些改变的发生,有研究者发现,很多病人在轻症躁狂发生时会抑制不住地想写诗!

比如下面这段极具思维迸发力和汹涌的想象力的文字——

我的思想像负子蟾(背着孩子的蛤蟆)一样忙碌,小蟾蜍从背上、两侧和腹部长出来,边爬边生长……

人的直觉意识在大混沌中触发了闪电,能看到不同知识领域间的联系与相似点,可以把自然界中所有的王国都联系起来。而这些联系是触手可及、具体实在的。

比如说,翠鸟颈部和翅膀上进化出色彩鲜艳的鱼鳞般的羽毛,是由于它们长时间停在水边,盯着水面下的猎物——那些游动的鱼所造成的。青鱼有着云纹般的背部,是水分子的运动在它身上的体现。骷髅蛾翅膀上之所以有这样的图案,是因为这种虫子经常进入刑场和墓地,并在尸体上产卵。花和动物互相错认并交换外形……

以上文字,如果不点明,恐怕很多人也分辨不出,它是一位普通病

# 第一章
## 疯癫的天才

人说的,还是出自某位艺术家之口。

几乎所有的作家和艺术家,都经历过剧烈高效的创造性时期。这些"极具创造性"时期的表现特征为:激情、精力和自信心增加;心理联想速度提高;思维流畅;情绪高涨;幸福感强烈……当问到他们这段时期内的睡眠状况,几乎所有人都说他们压根无须睡眠!还有一些艺术家说自己在这段创造性时期"更加焦虑""几近自杀",感到"恐惧""兴高采烈和郁郁寡欢混杂在一起",还有"一种近乎绝望的压迫感"。

以上所有这些艺术家创作高峰期的表现,不就是躁狂发作时的症状吗?可以说,这两者之间,存在很大程度的重合!

天才和疯子之间的联系一直是这样犬牙交错,纠缠不清的,究竟天才引发了疯癫,还是因为疯癫而变成了天才?这个谁也说不清。

有的时候,心理疾病就是这样一种既能够终结生命,也能够承载生命的疾病。就像火既有创造力也具有破坏力的本质一样。心理疾病也能让人类在苦痛的烈焰中接受锻造,淬取出对生命至真至纯的爱与领悟!同时,它也从一个独特的角度告诉我们,"精神病"这种东西,未必是生命不可承受之重。所谓的缺陷和病态,会产生出另一种发展、进化与生命的形态,激发出我们人类个体远不能预料的创造力和生命力!

第二章
# 不要跟金钱发生性关系
——恋物癖

## HARDCORE PSYCHOLOGY

　　在网上或者现实生活中,我们经常可以看到有人说自己有恋物癖,一打听清楚原来是"我有恋物癖,因为我爱钱!"这个说法,可能很多人只是一笑而过,觉得"恋"和"物"这种组合还挺好玩。但是,在心理医生眼中,或者是在心理学行业从业人员的眼中,却不这么认为,他们会觉得毛骨悚然,忍不住脑补出很多画面,甚至有点"辣眼睛"。

　　关于恋物癖,我们要讨论的问题包括——

到底什么是恋物癖?
"女装大佬们"又是怎么一回事?
恋物癖又是什么原因导致的?

# 第二章
## 不要跟金钱发生性关系

### 🦇 和"无生命的物体"发生性关系

那么，到底什么是恋物癖？

恋物癖是说，恋物癖患者经常会对无生命的物体，产生强烈的性幻想、性冲动和性行为，并且能够从中获得性的满足。他们是通过一边爱抚这个物品，摩擦它或闻它，一边进行手淫来达到性满足的。

而这些"无生命的物体"可以是任何东西。衣服、鞋子、食物、生活用品、家用电器……甚至身体的一部分，比如手、脚和头发等。可以说，这世上有多少种物体，就有多少种恋物癖。比方说，一男子对着汽车尾气管手淫，还有用家用吸尘器的……

具体举例来说。

有一位32岁的单身的自由摄影师，他虽然觉得女性本身很吸引人，但是"她们的裤子"更吸引人。他对女性短裤的性迷恋从他7岁那年就开始了。当他那时第一次看到一本色情杂志时，对一张穿着"短裤"的半裸女人的照片感到很刺激。这位自由摄影师的人生第一次射精发生在他13岁那年，但不是通过正常的人类性对象，而是通过幻想女人穿着短裤来手淫达到性高潮的。此后，他会穿着他姐姐的短裤来得到性满足，再然后，他还会从姐姐的朋友那儿，或者其他社交场合认识的朋友那里偷来短裤，以此得到满足。

这位摄影师在治疗期间表明，从他青少年时期性萌发到现在成年，他最喜欢的达到性高潮的方式，也是唯一能达到性高潮的方式，就是穿着各种偷来的女人短裤进行手淫。

我们再来看一个案例，这个案例中的恋物癖男子，他迷恋的对象是女性的鞋和腿。但是他不像第一个案例中的患者那样简单粗暴用偷的方式，他曾在火车站、图书馆等公共场所因偷拍偷摸女士的大腿而被捕过几次。这个恋物癖男子最后想出一个方法来解决问题，他租了一间写字间，谎称自己是一家针织品公司的代理人员，登广告给他们的产品招模特。这样，便借机拍摄了很多女性走路的姿势和展现腿部优美形态的坐姿。之后，他利用这些影像和照片来获得性满足，就不用再四处闲逛徘徊，冒着被打的风险了。

恋物癖这种病，发生在女性的身上很少见，但也不是没有。下面就来介绍两位女性恋物癖患者的案例，来看看她们的性幻想世界到底是什么样子的。

有一个恋物癖女患者曾经描述过——

从我十三四岁开始，各种古怪的性的象征就开始不停地出现，其中以阳具的象征尤为突出，比如说——
花园中，一根正拿来浇水的橡皮管；
一段喷射而出的水流；
茄子或其他长条形的蔬菜；
一朵很长但下垂的喇叭花；
一根花中的雄蕊；
一根插在圆形洞中的棍子，或跟棍子相似的东西……

## 第二章
### 不要跟金钱发生性关系

这些都能成为性或者性行为的象征,并在我眼前不断出现。甚至,牙齿和舌头也包含着性的意味。我经常会拿舌头去顶住牙齿,不到舌尖疲惫绝不停下。有时为了压制性的意识,我连大拇指也不敢伸出来,常常不由自主地藏到拳头中。因为大拇指也有它特殊的象征。除此之外,还有很多东西可以当作性的象征,比如26个字母中的几个。

另外一个女恋物癖患者,是一个27岁的智商很高,但有些精神变态的恋物癖已婚女子。她的大部分性的象征都在睡觉时出现,而她总能在睡醒后对此做一番自己的解释,比如说——

船只停在港口象征着性交,人随着船航行也一样;
水象征着母体(这跟怀孕时的羊水有关);
死亡,在梦中杀死或者伤害别人也相当于和人性交(因为性交本身也意味精子的死亡);
一把刀,象征一个阳物;
环节类的虫子和蛇,代表小型的男性生殖器官;
马和狗,乃至鸽子,都具有性的象征意味;
一个火车头;
一棵树,或一根香蕉也象征着阳物。
雨水、眼泪象征着精液。

这便是女性恋物癖患者的内心世界。

有的人听到这里会有一个疑惑：在生活中，有些人喜欢看，或者喜欢抚摸，喜欢闻他们所爱之人的衣服，甚至对之产生性兴奋，这些都很常见啊，难道这样也算是恋物癖吗？

这是一个好问题，问到了关键之处。这里，我要强调一个恋物癖很重要的特点，就是排他性！喜欢看、摸并闻自己爱人的衣物是正常的。但是对恋物癖患者而言，只有无生命的物品才能让他们产生性唤醒和达到性满足。也就是说，他们在性活动中，宁可选择无生命的物品作为性对象，而不是人，因为人对他们而言不起作用。

总结一下满足恋物癖的几条标准：
1. 物体让他们产生性兴奋、性唤醒。
2. 通过这个物体进行手淫达到性满足。
3. 只有通过这个物体才能达到性满足。

所以，现在再回过头来看刚开始的那个说法"我有恋物癖，因为我爱钱！"，你会有什么感受呢？是不是有点不忍细想，此处省略脑补的画面一万字。

## 🦇 "女装大佬"

我们说的"女装大佬"，指的不是为了娱乐效果而男扮女装的情况。而是那些在现实生活中，身不由己、控制不住，不得不男扮女装的"异装癖"患者。

## 第二章
### 不要跟金钱发生性关系

异装癖是说，异性恋男子通过把自己打扮成女性来不断获得强烈的性幻想、性冲动，达到性满足的方式。

这里总结一下这类人的几个核心要素：

1. 不是为了获得性快感的"女装大佬"，不是真的异装癖。也就是说，真正的异装癖者，完全是奔着追求自身的性满足和性快感而去的，而不是仅仅为了玩票，或者牟利形式的"胡闹"。

2. 异装癖能缓解患者生活中的压力，所以当异装癖者处于焦虑状态时，也是他"异装行为"频发的时刻。

3. 绝大多数异装癖患者都是异性恋，也就是说"女装大佬"们还是喜欢女人。所以异装癖并不影响"女装大佬"们同女性正常结婚，组成家庭，生儿育女。

来看下面这个案例。

65 岁的老 A 是一名保安，年轻时是渔船的船长。

老 A 第一次对收集女性衣物产生兴趣是在他 12 岁的时候，他穿上了姐姐的女式灯笼裤，当时就体会到了性兴奋。于是他开始经常穿女性的内衣裤，这一行为总会导致他勃起，有时还会自发地射精，收获无比快乐的性满足。

但是这并不代表老 A 的性取向有问题，他与男孩在一起时，也很爷们儿，非常具有竞争性和攻击性。而且单身期间，他也一直喜欢女孩。老 A 后来正常地结婚生子了，而且在婚后，依然对穿女装感兴趣，这一点，他的妻子也是默认的。

老A从45岁之后，彻底放飞自我，踏上了对异装的深造钻研之路，他开始越来越沉迷于对女性服装的幻想之中，还经常参加各种异装癖派对。老A觉得，越是感到生活有压力时，他就越有装扮成女性的强烈冲动，这对他来说有安抚和镇定的作用。

## 什么导致了恋物癖？

导致恋物癖的原因，第一条是"一次偶然的、错误的联结"。

恋物癖多发生在人的童年时期，因为那会儿人还没来得及建立正常的人与人之间的性关系，就因为一场偶发的意外被"带跑偏了"。比如说，一个男孩在某次性高潮的时候，意外触碰了一个假发套，从此毛发就成了男孩的迷恋之物，在他脑中一直挥之不去；一个青年正在地板上躺着，这时走过来一个姿态优美的女性，女人抬起一只脚不停地踩他，在被踩的过程中，他无意间产生了性欲，从此，这个青年就变成了一个恋足癖。在这两个例子中，恋物癖患者便是将自己的性高潮与性满足，与某种物体之间联结，有点类似于产生了某种条件反射。

而且，为什么恋物癖基本都出现在男性身上，是因为男性需要更大的视觉性幻想。也是说，对男性而言，性欲更多的是来源于直接的物理特征的刺激。而对女性而言，性欲则更依赖于感情刺激，比如与爱人的恋情。所以俗话说得好，男人的性是走肾，而女人的性是走心。

那么很有可能，在青春期之后，在性欲刺激比较强烈的时期，男人更容易对某种物体产生性欲反应，因为他们本来就更注重视觉刺激，而

## 第二章
## 不要跟金钱发生性关系

不太需要与对方发生什么情感上的联系。

第二条原因是,无处安放的"俄狄浦斯情结"。

"俄狄浦斯情结"的出处来源于希腊神话,俄狄浦斯是希腊神话中的人物,他在不知情的情况下,杀死了自己的父亲并娶了自己的母亲。所以,在心理学上,"俄狄浦斯情结"用来形容有恋母情结的人,这种人有跟父亲作对来竞争母亲的倾向,同时又因为道德伦理的压力,而有自我毁灭以解除痛苦的倾向。

具体对"俄狄浦斯情结"的解释,按照弗洛伊德的说法是,一个小男孩,在五六岁的时候,会选择母亲作为自己第一个性欲对象。所以,在小男孩的潜意识里,会将父亲看作敌对的情敌,想杀掉父亲,除之而后快。但是,由于父亲太过强大,小男孩不仅杀不掉他,反而会因为自己的杀念而产生一种恐惧,这种恐惧便是弗洛伊德著名的"阉割情结"。小男孩担心父亲把自己当作情敌,对母亲造成威胁,而将自己阉割。

"俄狄浦斯情结"中的这些心理冲突,将左右和影响这个小男孩日后性欲和人格的发展。

在正常发展中,正是因为有"恐惧"的存在,使得小男孩转而放弃了对母亲的性欲,成功地将兴趣转向其他女人,发展出正常的性爱模式。而在病态的发展中,小男孩并没有克服他与父亲的"敌对"状态,也没有放弃对母亲的性的执念。但是他也不可能对母亲做什么,于是,他会爱上那些能对他发挥母亲功能的人,或者是物体。

结果是,小男孩长大后,不能爱上同龄的女性,甚至不能爱上任何人，他只希望获得一种母亲才能给他的无条件的爱、保护、赞美和安全感。而这些显然不是一个正常的异性人类对象能无私地给予他的，只有那些不会说话、不会抱怨、不求回报的物件更合适一些。

第三章

# 这个世界上的另一些"你"

——罕见的多重人格及治疗

## HARDCORE PSYCHOLOGY

多重人格,可以说是史上戏剧性最强,被改编成影视作品最多的一种心理疾病了。

以往我们讲多重人格,大多是要以电影,比如说大家比较熟悉的《致命ID》《搏击俱乐部》等虚构的形式来举例。但是今天在这里,我想用一个已经被公认的真实的案例,来揭开多重人格的那些神秘的面纱。

这个真实案例的主人公,名字叫威廉·斯坦利·米利根。名字真长,我们可以把他简称为比利。熟悉这个名字的人,应该会马上想起来,他就是多重人格分裂纪实小说《24个比利》的原型。

比利是美国历史上,第一位犯下重罪,却因被确诊患有多重人格,而被无罪释放的凶手。他不是小说中虚构的多重人格患者,而是一个自始至终都存在广泛争议的真实人物。他的心理测验结果,曾作为报纸和新闻的头条,广泛传播于大街小巷。并且,他还经受住了四名精神病医生和一名心理学家的层层测试和考验。

我们今天就借由他的故事，来解答以下关于多重人格的疑问——

**到底什么是多重人格？**
**多重人格的不同身份之间有互动吗？是什么样子的？**
**造成多重人格的原因又是什么？**
**怎样证明你没有多重人格？**

## 著名的 24 个比利

那我们就从比利的故事开始吧。

在比利 4 岁时，他的亲生父亲自杀身亡，随后，母亲改嫁，他便有了继父。

在一份比利的精神病医生向法院提交的报告中是这样写的："患者（也就是比利）表示，他受到过虐待，他的继父强迫与他发生性关系。比利说，那是在他八九岁的时候，前后大约持续了有一年之久，都是在他和继父单独相处时发生的。比利害怕继父会杀了他，因为继父曾威胁说，要把他埋进谷仓里，然后告诉他的母亲，说比利离家出走了……"

从那个时候开始，比利就进入了一个混乱的时期，他的灵魂开始分裂成 24 个部分。

接下来，比利的各种分身——"比利们"，就要粉墨登场了，但是在此之前，我要先来解答第一个问题——到底什么是多重人格？

如果我说出了答案，恐怕会令很多人感到意外，因为这可能跟你长久以来认为的都不一样。

多重人格，是说在一个人身上，分裂出很多不同的"人"，通常有十几个，甚至几十之多。这些"人"从性别、年龄、笔迹、性取向，到视力程度和母语都大相径庭。比如，一个成年人变身成为一个儿童，一个男性变身成为一个女性。

这里，我要说的重点是，我们曾经以为，在不同时间、地点出现在同一个人身上的每个身份，都是一个独立的、完整的"人格"。比如说，比利的24个分裂人格，每一个都是独立的人格，算是一个独立的个体。然而，事实并非如此，每种身份并不是一个完整的人格，只是反映了患者人格整合度的下降。虽然我们可以将多重人格看作"一个肉体，好多个灵魂"，每个灵魂可以代表不同的人，但这些"人"，谁都不能够独当一面，也就是说，他们只能行使自己作为某个角色的能力，却无法统领整个完整的人格。

接下来，比利的故事便能很好地说明这一点。

首先我们介绍一下比利自己是什么样子的。他是一名身高约183厘米，体重约170斤的男性，被捕时26岁。

故事还要从他小时候说起——

比利的继父，不仅性侵比利，还殴打他的妈妈。有一次，比利在客厅里看见继父殴打母亲，他站在那儿吓坏了。他想上前阻止，但是担心

## 第三章
### 这个世界上的另一些"你"

继父会杀掉他，埋在谷仓。他就跑回房间，砰的一声将房门关上，用背紧紧顶着。虽然用双手捂住了耳朵，却仍然听得见母亲的尖声哭叫。比利的身体慢慢地滑了下去，瘫在地板上，他闭上眼睛，这时，比利的一个分身出现了，他的名字叫肖恩。肖恩天生耳聋，所以听不见任何声音……也就听不到母亲的哭喊声。

肖恩的存在，是为了让比利免受痛苦。

有一天在学校，下课铃响了，老师说："请大家交出考卷。"

"考卷？什么考卷？"比利不知所措地抬起头。

"我在课堂上干什么？是怎么到学校来的？"比利只记得早晨起了床，但不记得自己穿过衣服和上学的事。起床以后发生的事，他一点都不记得了。

他必须编个理由！他随便翻了下书桌，想说自己忘记把考卷放哪儿了，结果，他简直无法相信自己的眼睛，上面居然真的放着一张考卷，而且50道题全答好了。比利注意到那不是自己的笔迹——虽然有点像。他经常碰到这种事，所以每次都假装东西是自己的，然而比利非常清楚，以他那么差劲的数学水平，根本不可能答出这些题。

老师在阅卷过后，当着全班的面，表扬了比利的数学能力。

那么试卷到底是谁答的呢？比利的另一个分身又浮出水面，他的名字叫阿瑟，是名学霸，眼镜男，很高傲。阿瑟表示，这题目简单得简直不值他一答。

阿瑟的存在，是为了让比利享受荣耀。

可以说，比利的 24 个人格，像是一支队伍，每个人承担着不同的任务。

一个人格来承受他的痛苦。

一个人格来表现他的幸福。

一个人格来为他创造成就。

一个人格来保护他的身体。

还有一个人格来让他逃避。

所以，这就是多重人格。跟我们想象的不一样，每一个分裂出来的人格，都不是完整的，他们只是分工合作。因此，治疗多重人格时，不是要一个个杀掉分裂出的人格，而是将他们整合在一起。因为，哪怕是谋杀掉一个人格，也将会导致整体人格的毁灭。

## 🦇 互动繁忙的"比利们"

在一些案例中，不同人格之间是完全不知道彼此的存在的。

但在另外一些案例中，不同人格之间不仅有互动，还会相互影响，甚至会瞒着主人格，一起私底下搞事情。

我们还是来看一下比利的故事——

比利有一个分身，是一个小女孩，名字叫克丽丝汀。克丽丝汀的任

## 第三章
### 这个世界上的另一些"你"

务呢,是替比利罚站,因为比利还有很多让人不省心的分身,比如汤姆很好斗,爱惹麻烦,有反社会倾向;而杰森呢,情绪激动,爱大喊大叫。克丽丝汀就是当比利因为这些分身受到老师惩罚时,她出来背锅,默默地接受惩罚。因此她的性格特点就是安静、柔弱、不爱说话。

有一天早上,在上学途中,克丽丝汀在一棵苹果树前停了下来,她想摘一些苹果送给老师,这样老师或许就会少让她罚站。但是苹果树太高,她够不着,就伤心地哭了起来。

这时有一个男性的声音响起:"小姑娘,怎么啦?为什么哭呀?"

"我够不着苹果。"克丽丝汀答道。

一个高大的男人现身了,他说:"别哭了,里根给你摘。"

这个里根,就是比利的另一个分身,是个暖男,是比利的守护者,保护比利,帮助他解决很多麻烦。里根为克丽丝汀摘了很多苹果,还带着她去上学。

如果当时有另外一个人在场的话,看到的情景将会是:比利站在树下,比利在哭,比利自己在摘苹果。


有一次,比利在学校里被一群女生围攻欺负。她们把比利推进厕所里,脱下了他的裤子,然后一哄而散,就留比利一个人穿着内裤坐在地上。比利哭了起来,一位女老师走进来看了看,然后帮他把裤子拿了回来。

女老师问他:"你又高又壮,还是个男生,怎么能让她们这么干?"

比利说:"我从来不欺负女孩。"

比利走出厕所,不知道自己以后该怎么正视班上那些女生,他在走廊上徘徊，觉得活着已没有意义。随后，他爬上了教学楼的楼顶，在本子上写好了遗书。放下遗书后，他向后退了几步，准备冲出楼顶，冲向天空。就在他冲到边缘时，里根绊住了他。

"真险啊，就差那么一小点！"阿瑟小声地说。还记得吗？阿瑟就是之前那个帮比利做数学卷的学霸分身。

里根答道："该拿他怎么办啊？放任他这样太危险了！对我们每个人而言，他都是危险人物，一旦情绪低落，他就要闹自杀。"

阿瑟问道："怎么制止他呢？"

里根说："让他睡觉！从现在开始我们不能让比利清醒过来。"

阿瑟说："谁控制得住他呀？"

里根说："你和我呀！我们分摊责任。我去告诉大家，在任何情况下，都绝不能让他清醒过来。一切顺利，比较安全的时候，你来负责管理；如果情况紧急，我就来接手。谁可以醒来，谁不能醒来，咱俩商量决定。"

以上呢，就是比利体内的分身们的交流和互动情况，看上去还真挺忙的。

## 你能证明自己没有多重人格吗？

多重人格的成因，目前最主流的观点是：童年时期遭受的创伤。

## 第三章
## 这个世界上的另一些"你"

绝大多数多重人格患者,都在儿童时期有过严重的、恐怖的被虐待的经历。

这个多重人格,就是由于在儿童时期遭受反复长期的慢性虐待时,试图应对强烈的绝望感和无助感而产生的。因为没有其他的能够获救的资源和途径,孩子们只能逃向一个想象的世界,变成另外一个人,在那里得以幸存。

这种逃离的过程,与自我催眠的过程还挺像。假如这么做能减轻被虐待带来的痛苦,它在儿童的成长过程中,就会不断被强化。有时,被虐待的儿童,干脆就把被虐待的事实,想象成是发生在另一个人身上。

比利在童年时,就遭受了继父的性侵和恐吓。像他自己说的:"当悲伤太多的时候,一个人已经无法承受,那么,我就把投注在一个人身上的所有煎熬,分摊到很多个人身上来承受。"

那么,怎样证明你没有多重人格?

有一个很显著的特点,能够帮助你判断自己有没有多重人格,这个特点就是"记忆的空隙"——多重人格者通常无法回忆起在上一个身份时间段中发生的事情。

比如说比利,当他从课堂上"还魂"回来的时候,他不记得之前发生了什么,自己是怎么到学校来的?又是怎么答卷子的?因为在这段时间里,是学霸阿瑟在替他运行身体,记忆也就自然是属于阿瑟的了。

随着年龄的增长,比利必须不断地编造故事,来解释大多数他并没有做过的事。这些事,也许就在几天、几小时,甚至几分钟前才刚刚发生，他也不记得。大家注意到他经常昏睡，是个怪人。比利后来逐渐了解到自己的与众不同后，才发现，并非每个人都会"遗失记忆"。周围的人都能指出比利曾经做过什么，或者说过什么，唯独他自己不知道。

再举一个例子，有一个叫玛丽的中年妇女，她一直以来的困惑就是，记忆似乎总有不连贯的地方，其中一个现象特别令人困惑，就是玛丽的汽油总是不翼而飞。她明明记得下班回家时油箱是加满油的，但是第二天早上再上车，就只剩半箱油了。当她查看车的里程表后，才发现，车子经常是在晚上多跑出160多公里，而她晚上是没有出过门的。

后来玛丽接受了心理治疗，才发现，玛丽患有多重人格，她另有一个分身，叫玛丽苏。也就是说，每天晚上汽油神秘失踪，是因为玛丽苏开着车，出门玩去了。

所以，你怎么证明自己没有多重人格呢？就是仔细检查你的记忆，看有没有不连贯的地方，有没有莫名其妙遗失的时光。如果有的话，那你就要小心了，你很可能已经被其他的几个"你"占领了！

关于多重人格治疗的内容，真的是少之又少。因为多重人格这个病本身就少见，说是罕见也不夸张。绝大多数心理治疗师，终其一生也遇不到一例。所以，很多心理医生为了自己职业生涯的"光环"，甚至在催眠治疗的过程中，人为地为患者"制造"出很多人格。下面介绍的关于如何治疗多重人格的内容，可以说是非常珍贵的。

第三章
这个世界上的另一些"你"

还是用比利的案例，来解决以下问题——

医生是用什么方法来治疗多重人格的？

对多重人格的治疗又是从哪里开始入手的？

在治疗多重人格的过程中，遇到了什么重大困难和挑战？又是怎么解决的？

治愈的过程中，患者身上发生的关键性转变是什么？

最后，怎样证明比利已经被治愈？

## 🦇 "深海"下的潜意识

医生是用什么方法来治疗多重人格的？

答案是：催眠疗法。

人的心理活动，总的来说，可分为意识和潜意识两个层面。所有的心理疾病都是潜意识层面出了问题。这个很好理解，因为意识是我们可以控制的，如果它遇到麻烦，我们控制一下，就解决了。但是，潜意识层面是我们自己操纵不了的，正因如此，当它出了状况，我们就会立刻陷入束手就擒、无能为力的窘境。

潜意识也不是永远藏在"深海"之下，它也有偶尔浮出水面的时候，比如说在梦里，或者在催眠过程中。催眠疗法，就是让患者进入一个特殊的意识状态，在这个状态中，我们能接触到他们潜意识层面的东西，

033

进而对这些东西进行调整和疏导，从而解决患者潜意识中的心结，这样也就进而搞定了他们在意识层面的心理疾病。

至于说催眠疗法的其他内容，比如说催眠的方法，什么样的人容易被催眠，什么样的人比较困难，等等，之后会为大家做详细的介绍。

下面，进入治疗的正题了！

比利总共有 24 个人格，这些人格形形色色，年龄跨度从几岁，十几岁，到跟接受治疗时的比利差不多的二十几岁，甚至三十几岁都有。

我在前面提到过，因为每个分裂出的人格，都不是一个完整的人格，而是相当于主人格的某个部分，所以在治疗多重人格时，不是一个个杀掉分裂出的人格，而是需要将它们融合在一起。因为，哪怕是杀掉一个人格，也将会导致整体人格的毁灭。而且，这些分裂出的人格，一旦形成，它们本身也会强烈抵御企图消灭它的一切努力。如果你用这种方式来治疗，其实相当于跟这些人格宣战，最后遭殃的只能是主人格自己。

于是，比利的主治医生，在治疗中的切入点就是，让比利的这些分身最终能融合到一起。但前提是，得让他们回到过去，或者去未来，所有人都达到统一的年龄——26 岁。若是所有分身都在同样的年龄，融合统一会更加简单，成功率也更高一些，这也是人格融合的前提。

那么为什么说，这些分身都可以达到统一的年龄呢？对于一个正常的人，你想让他变小，或者变老，不是天方夜谭吗？因为，这些分身并不是完整的人格，他们的出现代表着比利过往不同阶段中出现的创伤，而他们的存在就是为了防御这些创伤。有一些分身比比利年纪大很多，是因为比利的某个创伤需要这个年纪的人才能应对。同理，年纪小很多

## 第三章
### 这个世界上的另一些"你"

的也一样。所以,当然,分身们也就没有所谓的自己的时间线了。

医生第一个下手的对象,自然是比利那个只有 3 岁的小女孩分身,克丽丝汀,就是经常替他罚站的那个小女孩。

具体的催眠过程是这样的——

"你好呀!"心理医生在催眠治疗中召唤克丽丝汀,"你还好吗?"

克丽丝汀出现了:"我还好。"

心理医生问:"你还记得我吗?"

"记得。"

"我们上一次见面是什么时候?"

"在有棕色椅子的那个房间。"

"是什么时候?"

"是有一天。"

"好吧,克丽丝汀,"心理医生说,"你 3 岁了对吧?你想变成 4 岁吗?"

"想!"

心理医生说:"10 分钟以后,我会说,从现在到那时,你将要长大整整 1 岁。克丽丝汀,这没事的,你将要长大,其他人(指的是比利的其他分身)也要长大,你想长大吗?"

克丽丝汀回答:"是的,我想长大,长大我就可以画画了。"

心理医生说:"那好,你可以做任何事,然后你不断地长大啊,长大啊,长大啊。你就不会再这么小了。你能做到吗?"

克丽丝汀突然很紧张地说道:"可是爸爸他……"

(这个爸爸,就是指一直虐待比利的那个继父。)

心理医生赶紧安慰道："我知道他不是你的爸爸，他很坏，我们都知道这点。所以我要帮你快点长大，这样你就不必再怕他了，你能做到吗？"

克丽丝汀坚定地说道："能！"

于是，克丽丝汀在10分钟后，长大了1岁，变成了4岁。

治疗进行到这儿，验证了一件事情。就是多重人格分身的年龄成长，绝不仅仅靠的是机械性的暗示和催促，而是只有当患者体内的创伤的矛盾冲突解除时，年龄才能变化。比如刚才克丽丝汀突然担心地提到了比利的继父，那个魔鬼。但是心理医生及时疏导了她，让她觉得长大后才能战胜魔鬼。这样，克丽丝汀这个分身，才顺利地听从了医生的安排，年龄发生了变化。

随后，在接下来的两个月的时间内，心理医生让克丽丝汀这个原本只有3岁的小女孩，成功地赶上了比利的真实年龄。接着，又用同样的办法，让比利的其他二十几个分身，都达到了跟比利一样的年纪。

这就是多重人格治疗的切入点，在完成分身的融合之前，要先统一他们的年纪。

## 分身的"收编"

当分身们的年龄统一后，就要开始进行人格之间的融合。

## 第三章
### 这个世界上的另一些"你"

于是,心理医生在一次深度催眠过程中,问比利:"比利,你想见见其他人吗?"

比利说:"如果你要我去的话,可以。"

"首先给你介绍克丽丝汀,"心理医生说,"就在几个月前,她才3岁大。当我碰到你的右肘时,我会叫克丽丝汀出来。"

(注意这个触碰右肘的动作,这是催眠中的触发动作,用这个动作让患者进入意识的另一个层面。对不同的医生而言,具体的触发动作也不一样。)

克丽丝汀被召唤,但无人回应。医生等待着。然后比利突然说道:"我看见她了!"

这一刻,意义非凡,因为,这是比利第一次对他的分身有了视觉印象,第一次,这些自我在他自己的意识里出现了。比利的所谓"看见",也是他成功融合其他人格,走向康复的表现,因为克丽丝汀不再飘忽不定,也非某种幻影,而是存在于比利的记忆之中。

"你看见她了?"医生问,"那么告诉我,你为什么丢下她?"

比利回答:"因为她有自己的想法,她不会按我说的做。"这是个耐人寻味的答案,表现出了多重人格患者的意识、所下的指令,与无意识执行效果之间的巨大鸿沟。

"那现在你怎么看呢?"医生问。

"我认为这样是不对的,因为事物一直在改变。"比利说,"你看,克丽丝汀张开了双臂,我想她需要我。"

医生低声问:"你怎么看她?你喜欢她吗?现在你想让克丽丝汀跟你

在一块儿吗?"

比利屏住了呼吸,然后说:"是的,我需要她,她也属于我。"

至此,宣告两人的联结成功。比利和他的一个分身,女孩克丽丝汀,成功地融合到了一块儿。

但是,治疗的进展也就只能走到这里。因为接下来,在进行比利跟里根,也就是一直以来比利的守护者之间的融合时,发生了障碍。里根拒绝了比利的融合,里根说:"我认为你还没有能力保护自己。"

同样,在面对另外两个分身,好斗的汤姆和情绪激动的杰森时,比利也被拒绝了。杰森和汤姆给出的理由是:比利的心中仍然有猛虎。他平静不下来。而当转向阿瑟,就是那个帮比利做数学卷的学霸时,比利也被拒绝了,原因是,阿瑟认为:"没有我,你会自卑。"

眼看着比利的治疗就要进行不下去,或将以失败告终时,医生决定,另辟蹊径,直捣黄龙,必须先解决比利多重人格创伤的最主要根源。

其实比利的其他分身,早就在催眠治疗中,不止一次地表达过他们对比利的继父的仇恨。简直是仇深似海,不共戴天!但是,这些想法,都未能渗透进比利的意识中。

那么现在心理医生要做的,就是将这份巨大恨意,从潜意识的压抑中释放出来,让比利沉重的心灵得到解脱。

经过一番催眠后,比利发出痛苦的呻吟声,医生屏住呼吸,他知道,就仿佛外科医生瞄准关键伤口下刀一样,比利正处在创伤被揭露的关键时刻。比利提高声调说:"我告诉自己那是我的继父,是我妈妈的选择,

## 第三章
## 这个世界上的另一些"你"

是我家庭中的一员,我要原谅他,但我从来没有真正地原谅他!"比利情绪越来越激动,他继续说:"我恨他!每当他伤害我,我就看到自己举起拳头狠狠地揍他,还有其他方式,拿刀扎他。我无数次地想要阉了他,把他切成碎片,在他身上钉满钉子。我有时会在学校想,会在路上想。有几个片刻我觉得我已经杀了他,我渴望了那么久,我希望他死!"

这一刻,心理医生可以看到这突然爆发的恨意从潜意识里喷薄而出,冲进意识之中。这一刻,比利终于重新找回了当年被自己否认的愤怒和痛苦。

然后一切都解决了。

接下来,比利开始顺利"收编"他的一个又一个分身。

治疗到了最后阶段,在比利身上发生了一个质的变化,这个变化标志着他一只脚已经迈进了治愈的大门。

那么,在治愈的过程中,患者身上发生的关键性转变是什么?

这是一个梦。

梦里,比利回到了小时候住的房子。但奇怪的是,整间屋子里只有一张床。由于比利要找地方睡觉,而这是家里唯一的床,他便睡在了床的一边,他的兄弟姐妹和母亲睡在床的另一边。

半夜,比利突然醒了,看到窗户边有张男人的脸,他嘴里好像念念有词。这个陌生男人好像在对着某个看不见的人说:"他们在做爱。"

"你看啊,妈妈,有个男人在窗外盯着我们。"比利大喊着,要叫醒他的妈妈。接着他发现窗边的那个人拿着个相机，比利连忙用手臂挡住眼睛避免被拍到。"妈妈，你快看啊。"比利再一次呼喊他的母亲，对方没反应。接着比利又叫了他的兄弟姐妹们，也无一人应答。

比利起身，打电话报警，说："接线员，帮我转接警察。"

他听到一个阴沉的声音回复："他们夜巡去了。"

"那麻烦接通巡警。"比利坚持说。

"也去夜巡了。"那阴沉的声音又说。

"可是我需要帮助啊。"比利急了，大喊起来，"有个人在我家窗户外面。"

"你要买什么保险吗？"那声音问。

"这件事跟保险有什么关系啊？"比利急了，大叫着。

"我要给你的保险公司打电话，"那个声音说，"你给我他们的电话号码。"

这时，比利突然发现自己满手的保险公司的名片。他不停地翻找着名片上的电话，可发现字太模糊了，无法辨认。"电话号码呀，拜托，电话号码呀，拜托。"比利焦急不已，满头大汗，"我看不清这些号码。"突然，他满手的名片开始滑落，比利试图抓住它们，但是徒劳，名片散了一地，然后竟然陷进地里不见了。

"请你挂电话吧。"这是接线员留下的最后一句话。

随之而来的死一般的寂静让比利仿若被当头棒喝，他突然觉醒，知道了一个事实，那也是他以前从未能面对的事实，也是他多重人格出现的起源——没有人会帮他赶走窗边的男人，也没有人能在他受虐的时候，给予他任何援助。

## 第三章
### 这个世界上的另一些"你"

当比利直面了当年多重人格产生的起源时,他才真正开始找回自己。他将好好梳理过往,那些发生在一个个分身身上的过往。

## 找回遗失的记忆

怎样证明比利已经被治愈?

最显著的一点,就是比利能想起某个分身人格时做的事,找回了遗失的记忆。

比如,比利有一个叫丹尼的分身,是个14岁男生,特别胆小,容易被惊吓,惧怕陌生人,特别是男人。但是丹尼很爱画画,不停地、大量地作画,长达两年。比利突然找回了丹尼作画时的那段记忆,甚至能回忆出,丹尼在作画时内心的想法和在每幅作品中宣泄的情感。

医生对比利的治疗前后用了长达11年之久,共计2354次访谈,真是个惊人的数字。其过程中的艰辛和磨难可想而知。涉及人格障碍的治疗本身就非常难,就更别提,这人格障碍中的奇葩多重人格,更是难上加难了。

经过这么久的治疗,可以说,这位心理医生已经成为比利生命的一部分了。

在某一年圣诞节,比利饶有兴趣地答应了其他分身,一起写一张圣诞卡片送给这位心理医生。

所以卡片的内容就很有趣,布满了不同的笔迹和语气。

上面写着:

　　献给我们亲爱的医生:

　　多重问候送给您。

比如说,克丽丝汀写道:节日快乐,医生姐姐。

猛男里根写道:老妹儿,祝你圣诞快乐。

学霸阿瑟写道:敬爱的医生,祝您圣诞快乐!

最后,调皮的汤姆和杰森写道:大家都写了,我俩不写也不合适啊,谢谢你一直以来的帮助!

第四章

# 人的大脑为什么会沦陷？
# 家暴、骗爱、传销

——那些人类生活中暗藏的"上瘾关系"之谜

**HARDCORE PSYCHOLOGY**

有一则体育新闻，说的是著名的高尔夫球手老虎伍兹，沉寂5年后"战神归来"，他重返赛场，再次夺冠。这位闪闪耀眼的体育明星，跟我们这篇文章要讲的内容有什么关系呢？其实，老虎伍兹的性瘾症，就跟他的体育战绩一样"赫赫有名"，曾让他深陷于丑闻的深渊和职业生涯的至暗时刻。

虽然还鲜为人知，但跟药物成瘾一样，世界上还有性爱上瘾。

性瘾症又叫性高潮成瘾，指的是一个人"嗜性如命"，就年龄档次而言，大多集中在30岁至40岁的男子的身上，这也是人一生中性生理最为活跃的时间段。他们如同吸毒者、赌徒、酒鬼一般，一旦性瘾发作，就会不顾一切放下所有工作，去寻找发泄的对象。有媒体就报道过，老虎伍兹性瘾症发作后，嫖娼无数，甚至一个晚上都停不下来。

人类是怎样坠入"上瘾"这个堕落的世界的？为什么会有那么多"难

以自拔"的窘迫局面？我们先来解决以下问题——

> 人类为什么会上瘾？又是怎样沦陷的？
> 什么是可怕的"失乐园假说"？
> 性爱上瘾者是怎么一回事？
> 从上瘾的角度来说说，什么样的人容易出轨？

## 🦇 不容易上瘾的人类是怎样沦陷的

按道理来说，人类不应该容易上瘾。

如果在动物实验中，不断地给老鼠喂东西吃，让它喜欢吃多少就吃多少，让它越吃越胖。在这种情况下，老鼠会想要减肥吗？再者，假设做这么一个实验，让老鼠在实验中触发机关便可获得可卡因和尼古丁，渐渐地，它就知道机关的作用，然后不断地触发机关。总之，最后老鼠患上了药物依赖症。那么在这种情况下，老鼠会想要戒掉吗？

可想而知，以上问题的答案是——不会！

那么，为什么我们人却要想方设法减肥和戒烟呢？人跟老鼠究竟哪里不一样呢？

因为人有一种从空间和时间上，站在第三方的立场上客观地观察自己的能力，这在心理学上被叫作"元认知"。这个元认知，这种高级的思维，至少老鼠是没有的。

也就是说，人能够频繁地称体重、照镜子，监督自己。或者忽然停下来思考反省："你说，虽然抽烟感觉美妙，但是这么做是对的吗？""我吃了这么多，是对的吗？"

因为有元认知的存在，所以，人类是不应该容易上瘾的。

但是，人类的这个"元认知"，也有一个很大的 bug（漏洞）。就是人类只会对突然出现的剧烈变化有警觉，却忽略掉那种潜移默化间慢慢产生的影响。也就说，很多成瘾的东西，其实都是在一点点起作用的，这样就可以借着"元认知"的这个漏洞，躲开"元认知"的监测，最终让人类坠入成瘾的无底深渊。

打个比方来说，人类是怎样沦陷的？

吸烟成瘾的人，都知道有一种说法，是"人生第一支香烟一点也不香"。对正常人来说，大脑的神经受到尼古丁的刺激，会产生头晕、恶心、呕吐的感觉。本来最初出于好奇而尝试吸烟的人，心里还是有所防备的，担心会上瘾，然而不幸的是，正是因为这种初次体验到的不愉快的感觉，反而使人放松了警惕。

大家会觉得吸烟也不过如此，"这种东西随时都可以戒掉，只有在跟朋友一起玩的时候偶尔抽一下。"还有一些人，想知道"看别人抽得那么销魂，香烟究竟是什么味道呢？"，大家都抱着这样轻松的心情，一直坚持不懈地，一次又一次地吸食香烟。

在这个过程中，身体发生了很大的变化，神经因为香烟中有毒物质的刺激会变弱，多巴胺分泌会变少。当这种状况恶化到一定程度时，在

## 第四章
## 人的大脑为什么会沦陷？家暴、骗爱、传销

尼古丁的刺激下，多巴胺的分泌量会短暂地忽然恢复到正常水平，这个时候，吸烟的人反而一瞬间体会到了内心的宁静。

其实不是香烟让人宁静，而是之前香烟让你太低沉，在这么低的基础之上，偶尔来一点兴奋，你反而会觉得无比幸福。你会发出"啊，原来这就是香烟的味道啊！"的感叹。

明白"香烟味道"的那一瞬间，就是"中邪"的那个时刻，换句话说，这时，你已经顺利完成了对香烟的成瘾过程。

在这之后，每次吸烟，都暂时会有多巴胺分泌，所以在一小段时间内，会感觉气定神闲。

### 🦇 可怕的"失乐园假说"

吸烟时，香烟中的尼古丁，和其他成瘾物质比如鸦片、大麻、兴奋剂，一样能让人分泌多巴胺，这个是不争的事实。但同时，这里也已经存在了一个可怕的陷阱。就是，如果反复使用这些东西刺激自己，结果会怎么样？神经会一直不知疲倦地分泌多巴胺吗？

如果是的话，可能成瘾问题看上去也就没那么严重了。

答案当然是否定的。由于被反复刺激，人的神经系统会变得迟钝，这种现象叫作"补偿性感受性低下"。如果这种"补偿性感受性低下"持续发展下去，多巴胺的分泌就会减少。

那就会导致两个后果——

一个是，因为每次成瘾物质的效果持续的时间呈递减趋势，那么成

瘾物质的使用量和次数就需要不断增加。这一点，就是我们所说的产生了"抗药性"。

还有一个后果，就是"失乐园假说"。"失乐园假说"来自那则寓言，亚当和夏娃在偷吃了禁果以后，便从那个原本让他们幸福生活的伊甸园中被赶了出来，永不得回去。而物质成瘾者的情况就如同这则寓言一样。随着禁果即成瘾物质的使用，神经越来越钝化，原本在正常生活中就能感受到的喜悦和宁静不见了，像是从伊甸园中被赶出来一样。

我们举个例子来说明。

对于曾经蔓延中国的鸦片，甲午战争后，一个到四川旅行的英国作家，曾在《扬子江流域及以外地区》一书中，描述过这样一个场景：

> 我在扬子江所乘的船只上的16个极其贫穷的船夫当中，有14个吸食鸦片。到了夜晚……衣衫褴褛的14个男人蜷缩在毡子上，身旁放着鸦片灯，脸上完全找不到白天作为苦力的辛酸，而是仿佛在做着来到天堂的美梦一般，露出非常幸福的表情。

我们从"失乐园假说"的角度来看一下这个场景吧，船夫们白天工作确实是很辛苦，正因如此，到了晚上当他们结束工作时，才会觉得更轻松。因为人的大脑有这个平衡机制，就是在一段压力过后，会给予补偿，分泌多巴胺让人轻松一下。想必很多人会明白这个感受，结束一天的工作，走出工作单位的那一瞬间，会有一种无法言喻的自由的感觉。

当然，这一切是建立在大脑的机制能保持平衡的基础上。而如果长期服

## 第四章
## 人的大脑为什么会沦陷？家暴、骗爱、传销

用成瘾物质，就会让大脑的这个机制被破坏掉，多巴胺很难被分泌出来。

那些船夫在辛苦工作后，不能享受到轻松和欣喜，反而情绪低落，内心好像被平白无故地开了一个洞。为了摆脱空虚感，他们必须做点什么。解决方法，就是赶紧来一口鸦片。我们经常能看到，在黄昏的街头，叼着香烟走在回家路上的人，他们吸烟大概就是这个缘故。

所谓"饭后一支烟，赛过活神仙"的真相也是如此。我们都说民以食为天，吃饭不仅能解决基础需要，它实际上还能让人快乐。因为人吃饭时，大脑也会分泌多巴胺。所以，古往今来，在世界各地的人，只要有机会就会快乐地围坐在餐桌前。但是，烟民由于受尼古丁的慢性影响，大脑的敏感度会降低。因此，一般人感受到的饭后的舒适和幸福，烟民们是无法再体会到了。虽然山珍海味吃了一大堆，但还是觉得若有所失。所以还是得在饭后，来上一支烟。

依靠成瘾物质，来强行榨取多巴胺，会让迄今为止尝到过的幸福都逐渐褪色，整个人的精神状态也会一路下滑。失乐园假说，更是在说，瘾君子们一旦沾染上药物，就会痛失本来理所当然拥有的，那个平淡幸福的天堂。

### "脑内春药"

人恋爱的时候，大脑会分泌一种叫作"PEA"（苯基乙胺）的物质。这个物质会刺激多巴胺神经，堪称"脑内春药"，能导致"颅内高潮"。所以恋爱的人会觉得整个世界都变成了玫瑰色。

那么这帮助我们坠入爱河，让我们神魂颠倒的 PEA 有什么危险性呢？

首先，PEA 在人怦然心动的时候，分泌量会增加。特别是在还不能确定能否跟新的对象发生关系，成功的概率只有一半的时候，也就是我们说的"性暧昧"阶段，分泌量最大，达到了峰值。其次，在有秘密行为，或者秘密交往对象，以及离家出走时，也就是我们说的偷情和私奔的情况下，PEA 也会大量分泌。

如果有几次在大量的 PEA 被分泌出来的情况下，恰好体验到了做爱的快活感，人就会像打了兴奋剂一样，心里会总想着"再让我感受一下那美妙绝伦的感觉吧"！从此就会对性爱痴迷起来。

然而，在这沉迷的过程中，大脑内的"PEA 接受体"，或者说感受 PEA 带来快感的那个器官会一点点受损，神经也相应变得迟钝。于是为了得到同样的快感，就需要更猛烈的刺激。但是刺激得越猛烈，PEA 接受体就会被破坏得更严重，这就形成了一个恶性循环。

对性爱上瘾者的调查表明，他们的多巴胺神经反应比正常人迟钝。换句话说就是，虽然他们进行的强烈刺激的数量很多，但每次性行为所感受的快感并不多。为此，他们在一次性行为中得不到满足，就需要不断地寻找新的对象，也就是说，性瘾症患者要想达到能让自己满足的快感，必须得"走量"，积少成多。这也是老虎伍兹搞了一个晚上都停不下来的原因。

但当他们清醒过来的时候，就跟吸毒者吸毒过后一样，由于多巴胺匮乏，他们会发现自己体会不到日常生活中的舒适和宁静，仿佛从那个天堂被赶出来一般。虽然，他们原本只是为了追求幸福，但踩坏了近在脚下的幸福。重复性的刺激，只是扩大了心中的无底空洞，最后生活对他们来说，只是日复一日上演的痛苦。

## 🦇 到底什么样的人更容易出轨？

什么样的人容易出轨？是没有定性的人？浮躁的人？圆滑世故，或者机灵狡猾的人？

这里有个研究结果也许会让大家大跌眼镜。

心理学研究表明，当我们将烦恼倾诉于他人，或者帮助别人解决问题的时候，PEA 的作用会增强。也就是说，那些乐于助人、爱听人倾诉的心思单纯的人，反而越容易出轨。

有一位 30 岁左右的男人，在博客里记录了自己想要摆脱婚外恋，以期重新回到妻子身边的心路历程。他一边介绍了 PEA 的作用，一边写下这样的内容：

> 最近我不停追忆，回想起我的第一个外遇，是从我不假思索地想帮助人解决婚外恋这件事开始的。我原本不是会搞婚外恋的那种人，却轻而易举地跨过了这条线。因为我向别人提供了婚外恋咨询的帮助，这太荒唐了，但真实地发生了。也许越是那些对人友善，平时乐于助人的一根筋的人，越容易陷进去。
>
> 是的，即使你没有企图，只是出于善意，但是如果过分干预这种事，一不小心就会被卷入 PEA 的暴风雨中。一旦经历了

一次神经崩溃般的性体验后，平时再冷静的人也会迷失自己。他的 PEA 接受体遭到破坏的同时，也就进入了欲望永远无法满足的深渊，日常生活中的平静安稳也从此与他无缘。

这就可以解释，为什么在"9·11"事件发生后，很多幸存的消防员，纷纷跟自己的妻子离婚，而与死去的战友的遗孀重新组成了家庭。当你为对方提供了过多的两性方面的帮助和关怀时，情况也开始变得复杂和扑朔迷离起来，你也会被卷入其中，受 PEA 作用的蛊惑，迷失前路。

所以，当有烦恼的人，尤其是异性跟你征求有关婚外恋的意见的时候，要格外警惕。

我们身边还有很多谜一样的"上瘾关系"，人们常常会困在这些关系中无法脱身，有的人看到这里会纳闷，以前只听说过有上瘾物质，比如兴奋剂、麻醉剂和致幻剂等，这还是头一次听说有"上瘾关系"。

那么这些所谓的"上瘾关系"都有哪些呢？

它们包括：家暴、两性关系中的操控、传销的手段。

关于"上瘾关系"，我们要解决的问题有——

**什么是"二重洗脑"？**

**为什么在家暴关系中，有的妻子尽管遭受非人的暴力，但还是离不开丈夫？**

## 第四章
### 人的大脑为什么会沦陷？家暴、骗爱、传销

为什么在一些两性关系中，一方被另一方吃得死死的，甚至愿意为对方付出自己的一切？

传销团伙又是怎样让人"中邪"的？

### 🦇 上瘾关系的幕后黑手

在讲"上瘾关系"之前，先介绍一下"二重洗脑"这个概念，它可以说是我们这些"上瘾关系"幕后的始作俑者。

二重洗脑，顾名思义，就是要洗两重，第一重是"奖励"。

拿邪教来举例。一个人能被邪教拉拢，往往是因为心中有苦闷难以排解，心理能量处于一个非常弱的状态。就跟身体免疫力下降一样，此时，很多"妖魔邪祟"可能会乘虚而入。

当你进入邪教以后，刚开始，他们会对你呵护备至，会耐心地听你的倾诉，分担你的烦恼。然后偷偷地告诉你，如果你跟教主接触之后，生活将会出现巨大的转机和改变，因为教主绝非凡胎肉身，他有常人没有的能力，会让你觉得"信了他，便得永生"！

这就是所谓"奖励"的一重洗脑。

第二重洗脑，是"恐吓"。

还拿邪教来说，在奖励和安慰你的同时，他们一定也会说一些可怕的事情。

比方说："你现在烦恼是因为前世的罪过，如果不补救的话，死后一定会下地狱的！"这便是第二重洗脑——恐吓登场了。接着，他们会提出"为了不下地狱，你得花钱免灾"，而且还得是一定数量的钱财才可以，因为你罪孽深重。当你差不多散尽家财的时候，他们会说，这样还是不够，要不你再拉几个人入伙吧，发展一下下线。

就这样，你逐渐越陷越深。

这种"奖励"与"恐吓"结合在一起的双重洗脑方式，威力是惊人的。因为当"奖励"带有"恐吓"的味道时，人们就很难从中解脱出来。用动物实验来打比方的话，就好像是有一只老鼠，因为推动把手就有可卡因流出，所以不停地推动把手。假设实验发生变化了，这次让它一推动把手就会触电，那么老鼠刚开始还会推几下，但是因为有电，所以很快就不推了，甚至被吓得不敢靠近了。

可是，换一种情况，如果毫无规律地给它可卡因和电击的话，老鼠就会迷惑。可能会触电，也可能得到可卡因。它虽然极度害怕，但还是渴望推动把手。这样它就会一会儿推，一会儿不推，一直徘徊在把手周围，看似若即若离，实际难分难舍，内心斗争越来越激烈。

## 家暴与骗爱

"二重洗脑"这个方式，在家庭暴力关系中，可以说被用得淋漓尽致。很多妻子尽管遭受到超乎常人想象的暴力，但还是不肯离开丈夫，周

## 第四章
### 人的大脑为什么会沦陷？家暴、骗爱、传销

围人无论如何都无法理解他们为什么不离婚。妻子会解释说："如果我逃走了，他就有可能会灭了我全家。"这就相当于"二重洗脑"中的恐吓。然后转念一想，她又会这么说："不过，他实际上也有对我好的时候……"这便是"二重洗脑"的"奖励"。

因此，一般在家庭暴力里，可以看到明显的周期存在。

首先是"积累期"。这段时间表面看上去风平浪静，心平气和，但是妻子自己却战战兢兢，因为她知道，这是狂暴之徒在爆发前的酝酿。紧张的气氛在家中四处蔓延，山雨欲来风满楼，危险一触即发。

接下来是"爆发期"，暴力像狂风暴雨一样袭来。大多数的暴力是无法提前预测的，也完全无法被控制，并且极具破坏性，有时甚至会危及被害者的生命。这是施暴者为了让被害者能一直听任自己摆布，对其施以恐吓，并让其彻底臣服于自己的时期。

可是在这之后，丈夫突然变得温情起来。"对不起，原谅我一时的失控，我最爱的人只有你，是爱让我如此疯狂！"他会买来礼物，并发誓"再也不打你了"。如果受害者回娘家的话，他就会每天痛哭着跑去恳求她回来。因此，这段时期叫作"蜜月期"。

妻子心想："他从此改邪归正，再也不会使用暴力了，也许可以重新开始吧。"于是放心地跟他回家了。的确，从这以后一段时间内，丈夫真的像换了一个人似的，变得很体贴。但是，好景不长，渐渐地，又会进入下一个暴力酝酿期。

这便是很多女人深陷家暴泥潭，却脱身不得的原因。外界人的理解是"清官难断家务事"，是受害者自己不争气。实际上，这是丈夫惯用的"二重洗脑"手法，将妻子牢牢锁定，使其逃生无门。

为什么在一些两性关系中，其中一方被另一方吃得死死的，甚至愿意为对方付出自己的一切？

在解释这个问题之前，要跟大家介绍一个心理现象，叫作"变性意识形态"。那么，什么是"变性意识形态"呢？人有一个自己无法掌控的、容易受到别人影响的意识状态，这个状态就是变性意识形态。催眠和洗脑，某些极有个人魅力的领导者，都深谙此道，会充分利用人的这个状态。比如，在宗教场合里，经常会看到有人重复念诵节奏简单的咒语和经文，或者一直凝视着火苗。这些行为，都容易让人进入到"变性意识形态"中。我们可以把这个状态理解成一种精神恍惚，或者意乱情迷。

懂这方面的老手，可以在短时间内就令人进入这种状态。不过，这种状态，其实我们一般人也不陌生，当我们迷恋上某种东西的时候，比如电视剧、游戏、电影时，或者是在舞厅、KTV等地方，受到大音量的音乐和光怪陆离的照明效果的影响时，很容易就会出现这种"变性意识形态"。在这种状态下接收的信息，不仅比实际上要夸张和扭曲，而且所受的影响很难抹去。

你也有过这样的体验吧。比如说，当时觉得"这个主意真不错"，可是后来冷静下来想想，"这种馊点子我都想得出？"。这就说明，直到你清醒为止，你一直认为那个夸张和扭曲的世界是真实的，而且紧抓着不放。"美梦成真啦！""我终于遇到真命天子啦！"这是你在"变性意识形态"下的感受，而它可怕的一面就是，当事人自身无法觉察到自己正陷于这种状态之中，还对此深信不疑。

两性关系中，为什么其中一方完全被另一方牵着鼻子走？

## 第四章
## 人的大脑为什么会沦陷？家暴、骗爱、传销

在家暴关系中，挨打的时候，受害者仿佛掉进了十八层地狱。十分惧怕对方，甚至这种恐惧会扩展到施暴者以外的事物，情况非常悲惨。所以，一旦施暴者温柔地对待她，她就会比普通人受到这种待遇还要感恩戴德。这时受害者完全不能从一个客观的，第三方的角度思考问题。她没有意识到问题的根本，反而陷进了一种我们刚才所说的"变性意识形态"中，整个人是恍惚的。

于是，在被关心的瞬间，受害者就会觉得一切都可以释怀，可以摒弃前嫌，觉得仍能够继续在一起。但是暴力还会无止境地上演。于是渐渐地，受害者习惯于这种只能被欺凌的软弱感，最终放弃从暴力中挣脱出来。想着，"只要我忍着就好了"，或者"不管怎么做都没用"。

也就是说，不管看上去是多么难以忍受的状况，只要把一个人真的觉得很感激的"奖励"，恰到好处地给予他，那么这个人就无法从关系的桎梏中摆脱出来。

现在把这种情况放在两性关系中。

现在江湖上有一个门派，专门研究两性关系中的操纵。叫作 PUA，全称（Pick-up Artist），又叫作"搭讪艺术家"，或者"极速引诱学"——在最短的时间内让女性着迷。

PUA 产生的初衷是帮助一些年轻人，他们没有结识异性朋友的渠道，迫切需要新的社交技巧来完善自己。PUA 的理论基础，也是取自精神疗法和人类行为学的结合。

但是，这套技巧应用于中国以后，却有点变了味道。中国的 PUA 由于得不到足够的商业化支持及从业者自身专业知识不足，在中国呈诈骗

化发展，形成了PUA组织，他们把自己包装为成功人士，利用PUA技术对女性展开骗财骗色的行动。

那么PUA技术是怎么操作的呢？其实，这里用到的就是"二重洗脑"。

首先，像刚才说的，诈骗行为是精心策划过的，他们会把自己塑造成有钱人的形象，并给予目标女性某些甜头，比如用租来的豪车带她们四处玩耍。这相当于在"奖励"。

接下来，诈骗者马上用到了和家暴施暴者同样的伎俩，就是开始惩罚，施加暴力。但是这种两性关系中的暴力，通常都是冷暴力。他们故意开始疏远对方，无视对方存在，比如几天也不主动联系，发的信息很久也不回复。甚至开始对对方吹毛求疵、冷言冷语，或与别的女性勾勾搭搭。

在这种惩罚与奖励的二重洗脑过程中，PUA成员密切追踪受害者心理细微变化的节奏，进行实时掌控。然后不失时机地抽打冷酷无情的皮鞭和奉上无比甜蜜的糖果。进行这样便能不费吹灰之力地将对方的心死死套牢。

被这些危险的游戏或者危险的异性吸引的人，也许会想："情况不妙我就溜。"但实际上，越是情况不妙，奖励的魔力就会变得越大。也就是说，等意识到情况不妙时，多半已经来不及了，而且会意想不到地陷入"越痛苦就越快乐"这种欲罢不能的状态。

## 🦇 传销团伙是怎样让人"中邪"的？

"二重洗脑"在一类人中的威力最大，那就是传销团伙。因为传销团

## 第四章
### 人的大脑为什么会沦陷？家暴、骗爱、传销

伙用他们特有的手段，使"二重洗脑"的效果不断被放大、膨胀。

假设你是带着某个个人问题进到这个团伙组织的。比如，跟另一半感情不太好，正是不知分手还是和好的当口，又或者是不知道该不该辞掉眼前这份工作的时候。传销团伙的答案肯定都是"分手吧"或者"辞职吧"。

知道这是为什么吗？那是因为一旦你的恋爱和工作都顺利的话，对他们来说没有一点好处。如果想要支配一个人，所有的"奖励"都要来自传销组织才可以。任由恋爱和工作继续给来访者带来快乐和满足感的话，他们就会离传销组织而去。

切断当事人除了传销组织以外的一切人际关系，是传销组织的当务之急。因为他们要制造出"只有组织才可以相信"的环境。为此，必须让当事人与家人分离，断绝他们的关系。营造出一种独占的状态，让当事人认为，他们可以从组织那里得到一切满足。

这样，"奖励"被放大的同时，"惩罚"的力度也在升级。如果你离开了组织，你将失去一切！

所以，当亲人费尽千辛万苦找到传销组织，想带走他们时，会被狠狠地推开说"别碰我！"，因为受害者已经被洗脑了，认为亲人才是外人。他们曾经感受到的家庭的幸福滋味，如今全部被传销组织的花言巧语给抹杀了。

第五章

# 你是否有过某种奇怪的冲动，想要从高楼一跃而下？

——意想不到的强迫症的真相

**HARDCORE PSYCHOLOGY**

你是否有过某种奇怪的冲动,想要从一栋高楼上一跃而下,或驾车撞向迎面而来的车流?

再或者想着:"要是我给那个女人来一拳会怎么样?"

如果你有以上冲动,或者你身边的人有以上冲动,那么你,或者他,可能正深陷于强迫症的旋涡。

本章的内容,就是探讨这个存在于每个人心中,并驱使着数以百万计的人走向痴迷的、怪异的以及强迫行为的思维陷阱。

通过对以下问题的解答,我们将开启一条迷人小径,直通你大脑中最黑暗的"强迫"角落——

**强迫症到底是什么?我们这么多年对它的误解有多深?**

## 第五章
### 你是否有过某种奇怪的冲动，想要从高楼一跃而下？

**强迫思维的那些离奇的想法是从哪儿来的？**
**为什么赶走这些奇怪的想法如此困难？**
**"白熊效应"的原理到底是什么？**

有的人看到这里会很好奇，什么是强迫思维？什么离奇的想法？什么白熊？

别急，这些问题都会有答案。在此之前，先给大家讲一个真实的案例。

案例的主角，我们叫他小李。小李是位男性，今年30多岁。

他认为，在自己身上发生了一件非常恐怖的事情。是什么呢？

几年前，有一次，小李在游泳池里游泳后，从水里爬出来，在往更衣室走的楼梯上，不小心被尖锐的台阶角剐了一下，脚后跟被划出一个口子，一下子流了好多血。然后，他抽了张纸巾，掩住了伤口止血，这件事也就过去了。

又过了一阵子，有一天早上，小李在公交车站等公交车，他无意间，被站台广告板上冒出来的螺丝刺了一下，刺破了皮肤，流血了。

这本来是两件非常稀松平常的小事，为什么小李却记得如此清楚呢？

因为在这两件事情发生过后没多久，小李就突然觉得自己"着了魔"！

怎么讲呢？他的脑海中开始出现一个声音，阴魂不散，来回飘荡。这个声音就是——"你会染上艾滋病的。"

小李一想，这可真是有可能啊！

泳池里天天人来人往，不一定存着什么细菌，还有我按在伤口上止血的纸巾，干净吗？没有人触碰过吗？公交车站过往的人也很多，他们中的任何一个人，都有可能会被那根螺丝刺伤。要是被刺伤的人当中，有人是艾滋病患者怎么办？感染了艾滋病的血液留在螺丝上，然后螺丝又刺破了我的皮肤，这样病毒就会进入到我的血液中……

这个"你一定会染上艾滋病"的想法出现后，简直是一发不可收拾，小李早也想，晚也想，每天要搭进去五六个小时琢磨这件事。

后来，他不光是想了，还付诸行动。小李反复检查各种可能染上艾滋病的渠道和物件。比如说，牙刷、毛巾、水龙头、电话，他认为这些东西都潜伏着艾滋病病毒。每次有一点点皮肤上的伤，他都如临大敌，兴师动众，会用好几条创可贴把伤口裹得严严实实的。然后，更绝的是，他会把伤到他的那个东西，比如钉子或是玻璃片、桌角，都拆下来收藏好，拿到专业机构去进行检验，这才能安心。

类似的事情太多啦，尽管小李也知道艾滋病病毒不可能在体外存活，但那也没用。

小李觉得活得真的是太累太痛苦了，最后实在撑不住了，就去看了心理医生，得出的诊断是，他患上了强迫症。这个结果，大大出乎小李的意料，他觉得，这医生是不是个庸医啊？大概是搞错了。"强迫症难道不是那些老是洗手的人得的病吗？跟我有什么关系啊？我知道那种人，他们总是紧张兮兮地要把周围的一切都搞得一尘不染，连床上有点面包屑都受不了。我跟他们的想法可完全不一样，我可以接受任何面包屑和杂乱，脏一点我完全不在乎，我又不是完美主义者。我害怕的是自己会染上一种可怕的疾病。这跟强迫症有天壤之别！"

那么，小李这个看法对不对呢？

## 第五章
### 你是否有过某种奇怪的冲动，想要从高楼一跃而下？

其实，很多人跟小李是一样的，对强迫症的理解只限于不停地洗手。那么强迫症到底是什么？我们这么多年对它的误解有多深？

强迫症作为世界第四大常见的心理疾病（前三个分别是抑郁症、物质成瘾和焦虑症），那肯定不能光是"爱洗手"这么简单。

强迫症可以说是一套组合拳，它包括了两大件：强迫思维和强迫行为。

小李和很多人以为的强迫症的样子，比如说爱洗手，那只是强迫行为的一个表现。而在强迫症中，真正的老大是强迫思维，它至关重要，不为人知，且威力巨大。说强迫行为是给它打下手的，也不为过。

### 🦇 无法战胜的恐惧

强迫思维是指突然闯入到脑中的奇怪想法。

总的来说，可以划分成几个大的主题，比如说，伤害主题和污染主题。

我们来看看关于伤害的强迫思维是什么样子的。

包括——

> 总忍不住地想从高楼窗户跳下去；
> 或者突然跳到迎面而来的汽车前面；
> 将某个人推下站台，推到火车前面的冲动；
> 希望某个人死；
> 抱着婴儿时，有一种突然想把他一脚踢飞的冲动；
> 还有，如果我忘了对某个人说再见，他就会死。等等。

关于污染的强迫思维有——

担心从公共场所染上疾病（这个就是小李出现的症状）；
可能因为接触卫生间的坐便器而得病；
总觉得自己的手很脏。

除了以上这些，强迫思维还包括一些我们常见的想法，比如说，虽然知道已经锁了车门，却总担心没锁，或者总担心东西没放好。再者，就是对某样东西的对称性有一种极致的病态的追求，就是我们经常说的，如果几件东西没有摆整齐，或者有一处缺损，就不能接受，这就叫"逼死强迫症"！

这些奇怪的念头，不知道什么时候，就会从哪里偶然地、随机地、不受控制地冒出来，让人不知所措，像着了魔一样。在小李身上，因为他有一种跟"污染"有关的强迫思维，就是我们刚才说的，担心从公共场所染上疾病。所以，他的脑海中总是冷不丁地反复出现一句"咒语"——"你会染上艾滋病的。"

下面我再多举几个例子，好好解释一下，这强迫思维到底是什么情况？

20世纪有位杰出的数学家，叫库特·哥德尔，他是爱因斯坦的同事和朋友。这位数学家所提出的不完全性定理，使用逻辑来探讨和揭示逻辑的局限，听着太复杂了，简单点说，就是这位数学家终其一生都在追求理性。然而，非常具有讽刺性和戏剧性的是，他最后却死在了自己的不理性上。这位数学家后来患上了强迫症，而强迫思维本身是不接受任

## 第五章
### 你是否有过某种奇怪的冲动，想要从高楼一跃而下？

何理性的解释的。

哥德尔的强迫思维就是，认为自己会意外中毒，毒源可能是腐坏的食物，也可能是冰箱里发出的有害气体。如果食物妻子没有先尝试过，他就一口也不吃。后来他的妻子生病了，无法为他试吃食物，结果哥德尔被心中的执念所困，活活把自己给饿死了。

还有一位工程师，讲述了他在强迫思维面前的遭遇，他认为强迫症最阴暗的一面，就是无法控制自己的想法带来的恐惧。有一次，他同全家人一起出去度假，给扛着鱼竿的儿子拍了张漂亮的照片。他正看着这张照片，看着帅气的儿子扛着鱼竿，心里充满了自豪，然后就听到一个声音说："要是你不把这张照片毁了，你的孩子就死定了！"这位工程师挣扎着，一个小时，两个小时，三个小时，跟这声音搏斗。他知道不能听它的，完全没道理，根本没有这回事，什么也不会发生。但是到了最后，他还是决定不拿孩子的性命冒险。他委曲求全地顺从了这个声音，把所有照片删得一干二净，同时感到深深的无奈和挫败。

### "我强迫，只是为了摆脱痛苦"

说了这么多，大家也能看出来，大多数强迫症患者出现的强迫行为，其实就是为了驱赶侵入到自己脑中的强迫思维。

比如，如果总想着自己可能没锁门，那么为了驱赶这个念头，就要去实际检查一下门到底有没有锁。再比如，有一个女孩子，她的强迫思维是有虫子会从她的口中进入大脑，为了驱赶这个想法，她就整整 10 个月拒绝开口说话，以杜绝这种危险。

那么检查门锁和不开口说话，就是强迫行为。

强迫行为确实可以赶走强迫思维，但是维持不了多久，甚至可以说是雪上加霜、饮鸩止渴。很快，强迫思维又会卷土重来，而且变本加厉。

这里记住一点，绝大多数心理疾病患者的举动，其实不是为了获得快感，而是在试图摆脱痛苦。

举个例子，有一个叫小强的男孩特别爱洗手，拼命洗手，皮肤都洗得破皮出血了，也停不下来。有时候，他大半个晚上都待在水池边上洗手。他并不怕细菌，这不是他洗手的原因所在，也不是为了获得清洁的快感。他说之所以洗手，是因为除此之外自己再也找不到任何办法，能让心里那些诡异的焦虑感和痛苦消失。

## 失控的"想法发生器"

普通人每天可以生出几千种想法，其中很多既没用，也不理性，甚至是邪恶的。这些精神垃圾通过许多不同的形式存在。比方说，耳虫现象，是说某段旋律，用我们的话讲，叫特别"魔性"，会挤进你脑袋里萦绕不散；还有就是一些负面的念头，比如说，"我不行""我不干了"，等等。

这些想法之所以会出现，就是因为我们每个人体内都有一个装置，叫"想法发生器"。它在不停地制造各种想法，这就相当于在"广种薄

## 第五章
### 你是否有过某种奇怪的冲动，想要从高楼一跃而下？

收"，你必须制造出一定数量的各种想法后，才能在里面摘出"金点子"。

当这些想法被提出时，大脑不会立刻对它们进行审查和排除。就像我们在公司里进行"头脑风暴"，思考如何才能增加销售额或者吸引顾客。这时，无论提出的主意有多蠢，都会被记下来。

"想法发生器"任由我们的大脑迸发出天马行空、稀奇古怪，甚至是不道德、邪恶和阴暗的想法。而对正常人而言，过一段时间后，我们就能修正和排除掉这些不需要的垃圾的想法。而对某些人而言，没能成功解决掉这些奇怪的想法，这些想法就有可能会导致痛苦和精神疾病。他们把想法转化成了强迫症。尤其当人受到创伤，或感到压力时，这些强迫思维更是会乘虚而出，失控般地四处乱窜。

这就是强迫思维中，离奇想法的来源。

为什么赶走这些奇怪的想法如此困难？

我们做一个实验，找两组人，一组人让他们拼命地去想一只白熊；另一组人，则让他们千万不要去想白熊。结果，被要求不去想白熊的人，却发现脑海里全是白熊，甚至比被要求去想白熊的人想得还要多。

这个实验跟绕口令一样，但它证明了一件事：越是控制自己不去想一样东西，就越是想得厉害！

压抑不应该有的想法是相当困难的，如果竭力不去想，只会导致这个想法在停止被压迫后剧烈反弹。这种效应被心理学教科书称作"后抑制反弹效应"，因为太拗口了，大多数心理学家又把它称为"白熊效应"——力图赶走一个不应该有的想法，结果却导致激烈反抗，而且这个想法再次出现时，会比以前更强大，更难以克制。

这就可以解释，为什么最希望戒烟的人，反而是最难戒掉的。

因为越是不想去想抽烟这件事，越压抑这个想法，过后想抽烟的想法就越强烈，甚至，我们的大脑会将这种被打压的念头（抽烟），认作对它的渴求。

吸烟者越有排斥香烟的想法，对香烟的渴求就被放得越大。研究表明，戒烟失败的人，多是那些平时就更倾向于压抑自己想法的人。类似的效果也出现在暴饮暴食的胖子身上：他们更喜欢压抑关于巧克力和薯条的念头，却反而因此强化了自己对这些食物的渴求。

在睡前压抑一个念头，甚至会导致它在梦中再次出现。

那么"白熊效应"的原理到底是什么？

为什么我们越不去想一件事，反而想得越厉害？

因为在我们头脑工作的过程中，如果尽力不去想白熊，就必须选择去想另外一样东西，来代替白熊。这样，人们就开始有意识地转移自己的注意力，比如说，去想想早餐吃的什么，明天打算穿什么。

但是，关键问题来了，要想转移注意力，我们就必须事先知道，要把注意力从什么目标身上转移过来。你总不能凭空转移吧。于是，在抑制自己的某个念头之前，我们就会先下意识地找一下是否存在这个念头……

结果，在我们想把注意力从白熊转移到另一件东西之前，就会必然地又先想到"白熊"，又想到了那些我们本来打算不去想的东西。等于说，这通操作，反而是强化了想要忘记的东西。

## 第五章
### 你是否有过某种奇怪的冲动，想要从高楼一跃而下？

## 🦇 强迫症的"周边产品"

到这里，关于强迫症，你已经比大多数人都了解得多。但还不算完，下面，我们还要来聊一聊那些稀奇古怪的，你见所未见甚至闻所未闻的强迫症的"衍生病"。

这是你第一次听说，连一个心理疾病都有"周边"吧？

可见强迫症有多厉害，这世界第四大常见的心理疾病也不是盖的。世界卫生组织已经把强迫症列为全球第十大致残疾病。它对生活的恶劣影响，被认为已经超过了糖尿病。

强迫症为什么会导致这么严重的后果？对人的损害这么大？

我们就从它的这些古怪的"衍生病"聊起：

强迫性囤积癖。

性瘾症。

搔抓症。

拔毛癖。

"白日梦适应不良"。

第一个强迫症的衍生病：强迫性囤积癖。

来看一个故事——

在美国纽约市，消防员把危险建筑称为"科利尔楼"。这个名字出自一栋房子，这个房子的房主是赫穆尔·科利尔和郎利·科利尔这对兄弟。

为了容易记忆，我们在这里简称这对兄弟为大壮和小壮。那么按这个说法，危楼"科利尔楼"应该称为"大壮小壮楼"。

为什么要将危楼以这俩兄弟的名字来命名呢？

我接着往下说，你们就明白了。

1947年，大壮小壮兄弟被发现死于家中。在他们的房子里，堆满了他们收集的多达140吨的物件和垃圾。我给大家细数几样，听完以后你肯定会目瞪口呆。都有什么呢？手推车、锈迹斑斑的自行车、存放已久的食物、土豆削皮器、保龄球、人体模型、独木舟、几棵折断了的圣诞树、一架福特汽车底盘、十四架钢琴，还有不少装着他们屎尿的罐子。

这两个兄弟患上的就是"强迫性囤积癖"，而且跟大多数囤积癖一样，他们自己并没有意识到。

大壮和小壮其实非常聪明，也都受过良好的教育。他们都曾在哥伦比亚大学就学。大壮是律师，小壮是工程师。直到后来，他们的母亲突然去世，兄弟俩便开始深居简出，藏在这栋之后非常出名的房子里，过着隐居的生活。他们囤积了大量物品，并在家里设置了种种机关和陷阱，以防止外人入侵。

1947年3月，警方接到一个匿名电话，声称在大壮小壮兄弟住的这栋房子里发现了一具尸体。警方到现场一看，这具尸体不就是大壮吗？他倒在杂物中，穿着破破烂烂的浴袍，头埋在膝盖上。有人推测说，可能是小壮谋杀了自己的哥哥，然后溜之大吉了。反正这哥俩平时看着都不像正常人。但是警方还是继续在房子里搜索，为了找到更多的线索，他们不得不把兄弟俩积攒的东西一箱箱整理，搬出来。这些东西被存放了太久，很多已经发霉变质，臭气熏天，把周围邻居都吸引来了，有几百个"吃瓜群众"围观现场。放到我们现在，这必须得直播走起。

## 第五章
### 你是否有过某种奇怪的冲动,想要从高楼一跃而下?

警察的清理工作还在继续,直到十几天以后,小壮的尸体才被一个工作人员发现。其实他就躺在离哥哥尸体几米远的地方。但由于垃圾太多,挖了这么多天才发现他。小壮的尸体部分已经腐烂,身上有被老鼠啃噬过的痕迹。三大堆厚厚的报纸摞在尸体上,把他给盖住了。大壮死前已经由于风湿而瘫痪,而小壮呢,是在给大壮送食的时候,踏上了自己设置的机关,被成堆的垃圾吞没。而大壮在坚持了几天后,活活被饿死了。

在强迫性囤积癖中,有一种说法是,患上这种心理病的多是那些心灵受伤破碎之人。比如大壮小壮兄弟,是在父母双双离世后,才开始收集物体。收集物体,能让他们缓解内心的痛苦和恐慌。物体这时更像是一个有灵魂的人,像是囤积癖者的亲人、朋友和守护者。囤积癖者将安全感和依赖的情感纽带,全都寄托在物体之上。

于是,只要一整理和扔掉物件,就好比是失恋或者亲人去世一般,囤积癖者会感到撕心裂肺般的心痛和割裂。就这样,东西便越囤越多。囤积癖者离群索居,在垃圾的海洋中,宛若一个孤独的国王,藏在封闭的城堡中,以自己的思路解读世界。

下面来说第二个强迫症的衍生病:性瘾症。

顾名思义,"性瘾症"就是对性爱上瘾,可以说是性爱狂。有心理专家认为,无休止地浏览色情网站,或是定期召嫖妓女这样的行为,都可以看作"性瘾症"的表现,它跟强迫症有某些共同点。

来说一个案例——

老马，42岁，任某企业中层管理人员。

老马早已结婚生子，却每天都要对着在线色情网站手淫三次以上。公司同事注意到老马时常不知所终，有时候内部会议他也不来参加，不知道跑到哪个小黑屋里去了……

每天晚上，等到妻子入睡后，老马会偷偷摸摸地爬起来，去书房里进行例常活动。由于老马浏览的那些色情网站都是需要收费的，所以他的老婆就慢慢注意到了家里的这笔开支，发觉了异样。

于是，有一天晚上，她假装睡着，等老马起身后，偷偷地跟着，看他到底在干些什么……结果，这就破案了。

老马也知道他这么做会影响身体、工作还有夫妻感情，甚至自己也觉得这么做是罪恶的，但就是控制不住自己，他的脑海里经常被这种没休没止的性冲动盘桓、占据。如果每天不做点什么，缓解这种欲望，心里便难受得要命，整个人都要疯掉。

接着说第三个衍生病：搔抓症。

搔抓症，我觉得可以叫作"挤痘症"，甚至"挖洞症"都不为过。这又是怎么说的呢？

来看一个案例——

有一天，一个男人心急火燎地将他的妻子送到医院，他以为妻子是被人枪击了。因为他下班一回家看到妻子的脖子上开了一个大洞，血流不止，好像是弹孔一样。

经医生检查，发现不是这么回事。原来他的妻子，一直对自己脖子上的一颗痘痘念念不忘，时常用指甲去抠它。结果那天，终于忍不住用了大

## 第五章
### 你是否有过某种奇怪的冲动，想要从高楼一跃而下？

招，用一个镊子去夹那颗痘痘，一使劲，镊子一下子穿透了皮肤。她继续往皮肤下探索，钻啊钻啊，镊子穿透了皮下组织，碰到了肌肉。于是她开始一点点地用镊子把肉往外扯，直到最后，颈动脉都裸露在外，差一点就被刺穿。好险，如果动脉被穿透的话，等待她的可能就是命丧当场了。

那么为什么这个女人要这么做呢？因为她患有搔抓症。

搔抓症的患者会强迫性地"对付"身上的"异物"，比如说斑点、疤痕或者突起，他们跟这些异物势不两立，如同水火。他们用缝衣针、别针、刀片、起钉器等一切觉得顺手的工具来下手。有时一天得持续折腾几个小时，有时甚至睡着了还会这样做。

有三分之一的搔抓症患者，会把他们抠下来的东西，吞下去。说一句不太合适的形容吧，简直是"原汤化原食"。

其实呢，这个患有搔抓症的女人，是个聪明伶俐的职业女性，其他方面都是正常的，只有一条除外，就是她一直认为自己的皮肤充满了瑕疵，浑身都是问题。于是，她就忍不住地要抠来抠去，这样一来，反而在她原本光滑的皮肤上，留下了很多疤痕。

搔抓症患者这种总觉得自己皮肤有问题的想法，就是种强迫思维，而忍不住去抓，就是强迫行为。

下一个衍生病，跟搔抓症很像，叫拔毛癖。

有此心理疾病的人会拔自己的头发，并且严重到拔秃的地步，这个一点不夸张，因此他们往往不得不靠戴假发来掩饰。

拔毛癖患者常常是拔头发，但我们大家也知道的，人体上的毛发不仅仅包括头发，所以有时他们也会拔眉毛，拔眼睫毛，拔腋毛，甚至是拔那个什么毛。

但是他们自己对这种行为却常常是毫无知觉的。有一个严重的拔毛癖患者在寻求治疗时，说自己先前一点都不知道有这个毛病存在，直到有一次开车时，低头看了一眼仪表盘，吓了一跳，仪表盘上密密麻麻地铺了一层自己的头发。他不知道这是自己什么时候干的！估计都是他在堵车或者等红灯时拔的。

有些拔毛癖者会将头发吃下去。有一个34岁的女人，吃了十来年自己的头发，到后来，外科医生不得不开刀取出她胃中填满的发球。有时拔毛癖患者吞下的头发会穿透胃部，缠绕在肠道里，甚至有一种专业的术语，来定义这种危险的情况，就是——"长发公主综合征"。名字听起来非常童话化，但实际情况却会要人命。

拔毛癖患者的强迫思维就是，不允许自己身上有任何毛发的存在，拔掉毛发会缓解这种焦虑。

最后一个强迫症的衍生病，叫"白日梦适应不良"。

弗洛伊德说，做白日梦是幼稚的，是神经症的表现。但是现代心理学家和神经科学家认为，白日梦，有时候被称为无定向思维或者神游，是一种正常的，甚至可能是有益的人类认知。因为白日梦能在一定程度上满足人的愿望，哪怕只是假装着过了下瘾，也能缓解焦虑。

可不管这白日梦是好是坏，那也有个限度。我们大多数人都可以随机地打断白日梦，回到现实世界中。但是，有一部分人，他们发现自己很难不去做白日梦，白日梦也无法打断，做白日梦已经成了他们的强迫行为，停不下来。

## 第五章
### 你是否有过某种奇怪的冲动,想要从高楼一跃而下?

　　小秋就是"白日梦适应不良"患者中的一员。她把大把时间花在自己创造的幻想世界中,比如,她会在幻想中加入自己喜欢的电视节目,然后在脑海中上演海量的剧集。刚开始还算无伤大雅,后来情况开始失控。小秋已经很少有"清醒"的时刻了,她的现实世界已经被白日梦占据——她在梦里编织了数不清的情节和线索,创造出一代又一代的各种人物。白日梦成了她的强迫思维,接管了她的思想和生活。

　　有的时候我们责备一个人不切实际,会说:"你是不是活在梦里啊?"如果这个问题问到了"白日梦适应不良"患者身上,答案可能是:"还真让你说着了!"

　　其实在生活中,相关的病症远远没有讲完。比如说,你会不会检查伴侣的内裤,看有没有性行为的痕迹?如果他单独外出,你会不会注意他的穿着打扮?如果你检查和注意的频率严重到一定程度,又停不下来,那么你很可能是患上了一种叫作"强迫性嫉妒症"的精神疾病。该疾病的患者,为了避免痛苦,他们会想方设法地阻止伴侣出门,以断绝他们被别人求爱的可能。

　　那么为什么,这么多的强迫症衍生病,你都闻所未闻,见所未见呢?是因为他们确实数量稀少吗?实际上,不是的,强迫症及其衍生病的常见程度,是自闭症和精神分裂症的两倍还多。那为什么你知之甚少呢?主要在于强迫症有一个"羞辱属性"。打个比方,如果你得了感冒或是肠胃不适,你就可以把病痛的详细情况一五一十地讲给别人听,这根本没问题,还能换来别人的同情和关心。

　　但是在强迫症中,尤其是强迫思维的内容,大多是有违伦理的、邪恶的，甚至是残暴和变态的。你不可能告诉你的邻居，此刻你脑海里想的都是弄死她的宠物兔子。抑或，你没办法告诉学校里的同学，你的强迫思维是害怕自己变成老鼠，因此不得不强迫性地检查身后是否长出了尾巴。

你会怎么说呢？你什么都不会说。

到这里，就可以解释，为什么强迫症会对人造成这么大的损害？

因为大多数强迫症患者，都耻于向别人暴露自己的病情，觉得想法太邪恶了，太丢人了。"我要是跟别人说了，别人会不会把我当成一个变态和怪物呢？我会被赶出人类社会的，所以还是藏好了，忍着。"

于是，长久的压抑和忍耐，让病情变得更加严重和复杂，有的人甚至会死撑十年，甚至更长时间以后，才开始向外界寻求帮助。而这时，情况已经非常棘手，甚至难以逆转。可以说，强迫症真是个磨人的大妖精！

实际上，这一章的目的，不光是要让大家开开眼界，了解奇异的病症，更多的，是要让大家对身边的强迫症患者有更多的关爱、理解和包容，多鼓励和支持身边的强迫症患者们。同时，也提醒那些还藏着掖着的强迫症患者及时就医，不要耻于自己的想法和病情，要勇敢地迎击疾病。

## 厌恶疗法和暴露疗法

强迫症有两个治疗方法，很多心理疾病，比如跟焦虑有关的社交恐惧症、广场恐惧症等，也都会用到这两个疗法。可以说，这两个疗法像

# 第五章
## 你是否有过某种奇怪的冲动，想要从高楼一跃而下？

是万金油一样的存在。

它们就是厌恶疗法和暴露疗法。

有人说，如果把强迫思维和强迫行为之间的联结，看作强大的自然力，那么要打破这种牢固的联结，就需要超自然的力量了。因为强迫症严重时，如果你叫患者不要去做什么，还不如叫他们上天，或者用手指放电好了。

这种具有"超自然力量"的治疗方法——厌恶疗法和暴露疗法，到底是什么样子的？它们的原理是什么？又是怎样来治疗强迫症的？

先说厌恶疗法。

在这个疗法中，有一样东西是比较关键的存在，那就是"巴甫洛夫的狗"。

苏联生理学家巴甫洛夫用狗做了一个著名的实验。

他牵来一条大狗，在狗面前放一块肉，狗看到肉以后，开始流口水，这是狗的本能反应。接着，巴甫洛夫又进行了一步操作，就是在狗看到肉的时候，播放一个背景铃声。多次实验后，当撤掉狗面前的肉，而仅仅是播放铃声，狗还是会流口水。

巴甫洛夫的这个实验证明，狗可以学会把食物与铃声联系起来。在铃声与肉反复多次出现以后，即便铃声响起后没有食物出现，狗也会流口水，铃声替代了肉的作用。

狗的这种反应，就是非常著名的"条件反射"原理。

那么条件反射跟强迫症有什么关系？

心理学家认为，强迫症患者的那些没来由的、莫名其妙的，甚至根本说不通的强迫思维和恐慌，现在有了一个合理的解释——

就是患者在某个情境下，意外地将两样东西形成了一个条件反射。

比方说，有的强迫症患者，害怕自己从公共卫生间的马桶上感染疾病，是因为他可能在过去的某个时候，在去过一个不是很干净的公厕之后，恰巧生了一场大病。原本这两者之间是没有任何关系的，他却将这两者联系到一起，形成了条件反射。一想到公共厕所，就觉得自己会身染重病，吓得不行。之后，他们的强迫行为就是，从此以后避免进入任何公厕，再严重点，这个患者可能还会尽量避免自己出入任何公共场所。

再来说一个比较离奇的条件反射病例。

有个男人发现自己和妻子做爱的时候会阳痿，而且只有在家里的卧室里，才会发生这种情况。这就奇怪了。直到他后来有一次接受心理治疗的时候，谜团才被解开。原来，这个男人曾经跟一个有丈夫的女人偷情，被对方的丈夫捉奸在床，还被暴打了一顿。而对方家里的墙纸，恰好和自己卧室里的完全一样。痛打让他产生了条件反射，把性欲与墙纸，以及对暴力的恐惧联系在一起。所以一看到家里的墙纸整个人就不行了。在换过墙纸之后，他就又可以重振雄风了。

因为条件反射的这种奇妙的作用，有心理学家就说了，那我们能不能有意地让人将不应该有的行为，也就是强迫行为，跟不愉快的经历联系起来呢？因为人都有趋利避害的本能，这样的话，就可以阻止强迫行

## 第五章
### 你是否有过某种奇怪的冲动，想要从高楼一跃而下？

为的发生。比如在赌博机上接上电，让强迫性赌徒，一边玩一边被电击，电击的痛苦降低他赌博的行为；在酒鬼的酒里掺进催吐药，让他越喝越想吐；让暴饮暴食者一边闻臭不可闻的臭鼬油（从臭鼬那种动物的臭腺提炼出来的油），一边眼看着别人做面包圈。

于是，这便有了"厌恶疗法"。

厌恶疗法，就是将需要戒除掉的行为，与不愉快的或者惩罚性的刺激结合起来，通过厌恶性条件反射，来消退强迫行为对患者的吸引力。

厌恶疗法最有争议，或者说也因此而闻名的地方就在于，它很早之前，曾经被心理学家用来治疗和矫正同性恋。当时，他们给同性恋男子看男女赤身裸体的照片，如果同性恋男子眼光停留在男性身体上的时间过久，治疗师就会电击他们，让他们的性欲对象和痛苦挂上联系，以此，来矫正同性恋的性取向。

这个现在看起来很荒唐的做法，在当时是比较流行的，因为那会儿，同性恋是违法的，并且被认定为一种精神疾病。

厌恶疗法是怎么治疗强迫症的？

心理学家给一位强迫症患者装上了治疗设备，就是在他的指头上缠了电极。只要他洗手过勤，机器就会感知到，然后释放电流，这位患者便会遭受电击的痛苦。这样，他以后一想到洗手，便会先自动感受到痛苦，也就能打消他洗手的冲动。

接着说另一个疗法：暴露疗法。

暴露疗法起源于 20 世纪 50 年代，有一位精神病学家，在哈佛大学也是用狗来做的实验。这位精神病学家，把一条狗放在一个小房间内，房间中央用一个障碍物隔成了两块。我们可以把这个布置想象成一个乒乓球台。障碍物并不高，狗可以轻易地越过去，从一边跳到另一边。房间的地面上铺着电网。狗在一边待着的时候，这位精神病学家会让房间里的灯闪烁几次，十秒钟后，给狗这边的电网通上电流，狗被电击后会越过障碍跳到另一边。

等狗心情平复以后，精神病学家会重复整个过程，先让灯闪烁，再电击。成百次地反复进行，直到这条狗形成条件反射，灯一闪，还没有电击出现，就跳到房间的另一边为止。

这就跟之前，狗一听到铃声，还没看到肉就流口水，是一个道理。

然后有一天，精神病学家把障碍物增高，高到让狗没法再跳过去。这时，灯再度闪烁起来，狗一看吓坏了，赶紧跳，却跳不过去。当它发现无法逃脱，以为接下来会发生可怕的事情时，就发起狂来，狗整个都崩溃了。它来回打转，往墙上乱抓乱跳，狂吠不止，屁滚尿流。但是精神病学家却没有接通电流。因为没有被电击，狗渐渐平静下来。同样的过程又重复了几次之后，它好像忘记了灯光闪烁的恐惧，也不会再在灯光闪烁时跳过去。"我知道你们都是逗我玩呢！"

狗的这种反应，用一个心理学上的说法叫"渐衰式消除"，就是一点一点地移除你的恐惧。

暴露疗法的工作原理就是：先用患者的强迫思维刺激他们，让他们

## 第五章
### 你是否有过某种奇怪的冲动，想要从高楼一跃而下？

感到焦躁不安。就如同让狗看到了灯光闪烁一样。但是呢，禁止患者用他们的办法解决问题，也就是不让他们做出强迫行为，如同不让狗跳过障碍物到另一边去一样。

这里，一定要让患者的焦虑达到顶峰后自己停滞下来。过一段时间后，焦虑感升无可升，就会自己耗尽，而使人平静下来。一旦患者经历过这茬，感到原来焦虑可以自己自行消散，而不需要强迫行为的帮助，他们就会像实验中的狗一样，不再感到恐惧，会逐渐恢复正常。比如，让有受污染恐惧的病人去触摸垃圾，同时不允许他们洗手。

拿前面提到过的小李来举例。小李患有恐惧艾滋病的强迫症。因为艾滋病是靠血液传播，所以他也会连带着对血迹产生强迫思维。

我们来看看，小李是怎样接受暴露疗法的治疗的。

这一天，在去见给他做心理治疗的医生之前，小李刚遭遇了一场"强迫发作"，他的强迫思维又开始入侵了。

因为他小女儿生病，他在医院陪护了一上午。前一天晚上也没睡好，哈欠连天，于是他自然地揉起了眼睛。他才揉完，刚把手放下，侵入性的想法就冒了头："刚才我手上要是沾了血该怎么办？我现在可是在医院里，医院什么病菌没有啊？我碰过了门，碰过了我现在坐着的椅子……哎呀，坏了，在我之前还有谁坐过这把椅子？他们来这里所为何事？是因为艾滋病而来的吗？我的天呀，他们是不是也在这椅子上留下了血迹？"

照往常，小李下一步的强迫行为马上就要到来，就是反复检查自己的手，打消焦虑。但今天他没这么做，因为他看了眼时间，正好要到下

083

午去见心理医生的时候了。那就先忍着，把问题都带过去解决。

见到了心理医生，小李马上开口求助："我现在就有一个强迫性的想法，不知道该怎么办，我刚才揉了眼睛，现在想检查手指上有没有血。我刚去过医院，我害怕椅子上有带病菌的血迹。"

"请起立，"心理医生说道，"别看自己的手！"

小李站了起来。

心理医生继续说："伸出双臂，高抬。"

小李照做了。

心理医生命令："现在继续揉眼睛。"

这可不行！小李心想，压根办不到。人们总说精神的力量大于一切，高于物质。思想是人类的武器，我思故我在，这样的名言看似多么有道理。但是现在我的思虑却让我动弹不得。

小李举着双手不动，呆呆地站在那里。

心理医生再次命令道："现在继续揉眼睛。"

小李拒绝："我做不到，我不要这么做。"

最后，小李和心理医生达成了协议。他不用去揉眼睛，但同时也不允许看自己的手，检查自己的手。三天后，焦虑才逐渐消失。这三天里，小李还得上班、带女儿玩耍、自己淋浴、洗碗刷盘子、开车等。做所有事情他都绝不会去看自己的手一眼。理智上来说，小李也明白要是手上有血迹的话，也早就消失不见了，但是去查看和确认一下的冲动，始终会涌上心头。而他在抵御这冲动的时候，好像遇上了世上最难的事，恐惧和执念开始在他的生活中呼风唤雨。这三天，他度日如年。但是有一样事情在悄然发生，就是我们之前说的，渐衰式消除，焦虑达到顶峰后，

第五章
你是否有过某种奇怪的冲动，想要从高楼一跃而下？

接着，在一段时间后自己衰落下来。

这就是小李治疗强迫症的过程和进展。虽然道阻且长，他还需要不断地加码，暴露在更大的恐惧中，比如医生给他安排的，要求他下次如果手再被擦破口子，流血了，就把血涂在他女儿脸上。这对小李来说，是顶级的恐惧挑战。这做法看似不可理喻，但在对付顽固强大的强迫症面前，非常手段是在所难免。

实际上，强迫症的思维大多稀奇古怪，因此暴露疗法有时候也会显得有点可笑。咱们来看一个案例——

有位37岁的工程师，对精液有强迫性的厌恶，因此只能在自己特地准备的一个无菌房间里发生性关系。于是心理治疗师就刻意让他去摸布满精斑的衣物，平时也要在口袋里揣上一块浸满精液的手绢，没事就拿出来擦拭物品。听上去有点恶心，但这是真实情况。

另外有个中年妇女，对动物有强迫性恐惧，她的暴露疗法是强迫自己看一只仓鼠在被窝里和包里钻来钻去。

还有一个29岁的公务员，我们可以叫他小安。小安的妻子离他而去，跟另外一个男人在一起了，并向他索要孩子的赡养费。在这之后，小安便开始出现强迫思维，脑子里总是会出现白色的信封，小安觉得信封带有病毒，会弄脏自己。而这些信封，正是前妻写信来索要财物时用的。于是，他解决这种受污染心理的办法就是不断洗手，每天最多可以洗八九十次。他的手被洗得一碰就破，晚上只能戴手套睡觉。对小安的暴露疗法便是，让他整天躺在白色信封堆里，在他全身贴满白色信封，这样就可以对信封脱敏，不再害怕信封会带来的实际伤害。

085

暴露疗法的关键在于，让小李也好，小安也好，甚至是那些受了十几年强迫症折磨的人，学到了改变人生的关键一课，那便是，曾经让他们如此恐惧战栗的事情，他们一辈子心力交瘁要阻止的情况，他们强迫思维中构想出来的恐怖情景，原来根本就不会发生！

第六章

# 分手你就要我的命？
——反社会人格障碍中的"情杀"真相

**HARDCORE PSYCHOLOGY**

2018年8月末,有一个案子终于宣判,被告人以故意杀人罪被一审判处死刑。这个案子就是之前轰动一时的"上海杀妻藏尸案"。

案件发生在2016年的10月中旬,凶手朱晓东在位于虹口区的家中,与妻子杨俪萍发生争吵。朱晓东用双手扼住杨俪萍的脖子,将其活活掐死。随后,骇人听闻的一幕发生了,朱晓东没有选择报警,而是将妻子的尸体藏于冷柜之中。

在这之后长达3个月的时间里,他一直冒充妻子,通过微信与亡妻的家人和朋友联系。直到2017年的2月初,受害者的父亲要过60岁大寿。这时,凶手发现,他已经没有任何理由可以再继续隐瞒下去了。于是,朱晓东在父母的陪同下向公安机关自首。此时,受害者的父亲才知道女儿早已经遇害,并且葬身于冷柜中达105天之久。

诸如此类的案子,我们可以称之为"情杀"。情杀,跟一般的凶杀

## 第六章
### 分手你就要我的命？

案比起来，原因更加扑朔迷离、迷雾重重。因为它前后的反差过于巨大。谁都知道爱情是一件美好的东西，那最后为什么，却又以如此惨烈的、悲剧性的结尾收场？这令很多人都百思不得其解。这样巨大的反差，背后的原因是什么？

解决以下问题后，我们将会得到答案——

"心理疾病之王"是什么？
什么又是反社会人格障碍？
为什么说爱欲本身，就与生死有脱不开的关系？

## "心理疾病之王"是什么？

一提到心理问题，很多人大概只会想到抑郁症、强迫症等比较耳熟能详的，有明显症状的心理疾病，却往往忽略掉一种更为严重，也更加棘手的心理问题。是什么呢？如果说，把抑郁症和强迫症比作心理疾病中的感冒的话，那么人格障碍可以称得上是癌症，是当之无愧的"心理疾病之王"了！

为什么这么说？

人格障碍是在人很小的时候，便埋下病患的种子。可能那时，人承受了某些在那个年纪不应该承受的东西，然后，内心发生了扭曲，就此埋下伏笔。随着年龄的增长，从外表上是看不出来的，但内心的症结早已经根深蒂固，难以纠正和改变，患者会无法适应所处的外部世界，并且给周围的人带来深深的痛苦或者伤害。

人格障碍甚至都不是以疾病的方式存在的，我觉得有一句诗来形容它，还挺合适的，叫"随风潜入夜，润物细无声"。这么多年，它隐藏之深，它潜伏之久，最后，在我们青春期，或者成年早期的时候现身，并且持续一生。

人格障碍有十几种之多，比方说：偏执型人格障碍、分裂型人格障碍、边缘型人格障碍……

而反社会人格障碍，也是其中一种。

在情杀中，凶手的性格特点，与反社会人格障碍特别吻合。下面，我就结合具体案例，来说一下什么是反社会人格障碍，同时也揭开情杀之谜。

## 为什么有人可以随便伤害别人？

反社会人格障碍的第一个特点：容易冲动，不计较后果。

放到严重的情况下来说，会发生什么呢？就是反社会人格障碍者会临时起意地抢劫和随机地杀人。而放在我们生活中来说，你身边有没有这样的人？一贯不负责任，工作说不做就不做了，或者经常无理由地迟到早退，以致最后被开除。有的人，上学时也经常逃课，不顾可能完不成学业，被留级的后果。

## 第六章
## 分手你就要我的命？

在我们刚才提到的"上海杀妻藏尸案"中，凶手朱晓东在他初二那年，就曾因参与抢劫而被警察当场抓住。初中毕业以后，朱晓东进入职业学校，19岁便离开校园，走入社会，成为某商场的店员。在工作期间，有时，他只是做几个月便辞职走人，在多家商场间辗转切换。每一份工作都维护不长久。尤其是后来，他还拖着妻子，也就是受害者杨俪萍，辞掉了重点小学老师的稳定工作。

那么，为什么会出现这种冲动和不计后果的情况呢？

因为，在我们每个人的体内，其实都存在一个"刹车机制"。这个刹车机制，会对我们的行为产生预判，当它预判到行为的结果可能是不好的，那么，它就会提前阻止行为的发生。

而在反社会人格障碍者的体内，这种"刹车机制"是失灵的。它即使能够提前预判到结果，也阻止不了什么。

这是反社会人格障碍的第一个特点。我们接着说第二个特点：仇视社会，不知悔改。

拿情杀来说，有一点我们通常会感到很困惑，别说是两个曾经相爱过的人，就算是两个陌生人，甚至是见面分外眼红的仇人，当发生冲突时，我们都很难下如此狠手，置对方于死地。因为在这个过程中，我们会考虑一个问题，就是在这件事上，我们自己有没有错？

而对反社会人格障碍者而言，他们完全不会考虑自己的过错。

我怎么会有错呢？我不仅没错，我还美貌与智慧并存，是英雄与侠义的化身，我这是在替天行道！那些被我伤害或者杀害的人，若不是他们说了什么，或者做了什么，怎么会落得今天这个下场，一切都是他咎由自取！活该！

所以，在"朱晓东杀妻案"中，就有这样一个细节：他解释说当时为什么会动手杀掉妻子，因为跟妻子出去旅游时没有订到满意的酒店，这让妻子不满；后来返程时，他又没买到高铁票，妻子又和他吵了一架。在这个过程中，对方一直喋喋不休，抱怨个不停，怎么劝也没用，让他觉得很烦。于是干脆用手掐住了妻子的脖子，让她闭嘴。言外之意，对方的死，要归咎于她自己总是在唠叨个不停。

下面说反社会人格障碍者的第三个特点：就是对他人冷漠无情，将他人"物化"。

"物化"乍一听我们可能会有一些陌生，但有一个词你一定很熟悉，那就是"拟人化"。

我们人类其实是一种非常别扭的动物，能经常给自己整出很多幺蛾子来。

比方说，这里有一个心理名词，叫"反人类变体特性"，听着有些复杂，但是解释起来非常容易。"反人类变体特性"，又叫"将人的特征赐予没有生命的物体"，也就是所谓的"拟人化"。

打个比方，寺庙里有很多神像，比如各种菩萨、四大金刚、玉皇大帝等。这些神像，实际上，只是由一堆普通的砖瓦泥料、木头、钢筋等，经人手建造而成。但是，当我们赋予了它们超脱人类力量的意义之后，它们一下子就能"法力无边，普度众生"了，你说神奇不神奇？

还有一种操作，正好和"反人类变体特性"，即"拟人化"相反。那就是"物化"。是说将有生命的个体物体化，实际上是剥夺了人作为人的

## 第六章
### 分手你就要我的命？

地位。

"物化"，这种心理现象，经常出现在大规模的屠杀和战争中。

一位日本将领曾说过，在日本发动第二次世界大战前的侵华战争中，日本兵很容易就可以残忍地屠杀许多中国百姓，"因为我们觉得他们只是东西，不像我们一样是人"。同样，纳粹对犹太人的种族灭绝行动，在开始时，也是先制作宣传电影和海报，对德国人进行洗脑，让德国人将某些人类同类，视为劣等形态的动物，是害虫，或者贪婪肮脏的鼠辈。

在情杀中，物化的现象也常常出现。当凶手打算举刀杀害对方的那一瞬间，受害者已经不再是那个曾经与他真实相恋过的，活生生的，有血有肉的人，此时她已经幻化成了一个符号。也就是我们说的"物化"。

这个符号可能象征着凶手以往的挫败、童年时期的痛楚、深埋一生的不堪记忆，这些都在此刻被引爆，令他痛苦到无法自持。那么，此时，他能做的，便只有抹掉这个符号，方能解脱自己。

在我们的日常生活中，正常人之所以做不到随便伤害别人，是因为我们能够感同身受对方的痛苦，这叫同理心，或者同情心。伤害对方就如同在伤害自己。但是反社会人格障碍者就体会不到别人的痛苦，他们对此很麻木，因为他们已经将对方"物化"，你不可能因为伤害一个物体，而内心受到触动。所以，也就没有所谓的良心受谴责，或者负疚感一说。有一句话，是这么说的：你的良心不会痛吗？！——不会，因为，没有良心。

"朱晓东杀妻案"中，还有一个细节，朱晓东事后将妻子的尸体放进冰柜冷冻，遗体在零下十几摄氏度的冰柜里冻了 3 个多月之久，最后，皮肤组织严重受损，全身发黑，可以说是惨不忍睹。而这个冰柜之前是用来存放凶手所养的宠物蛇与蜥蜴的口粮，即老鼠的尸体的。所以，可以证明，在朱晓东眼中，他的妻子早已经被"物化"了，跟宠物的食物做同等地位看待。

而且，在妻子遇害后一周，朱晓东便带着各种女人四处旅游、开房，花天酒地、肆意消费，透支信用卡。可见，他也没有丝毫愧疚之感和罪恶感。没有良心。

反社会人格障碍的最后一个特点是充满魅力。跟我们通常想象的猥琐和凶神恶煞的形象不一样的是，反社会人格障碍者，大多数都长得很帅。为什么说长得帅？因为反社会人格障碍者基本上都是男性。他们通常能言善辩、风度翩翩、英俊潇洒又风流倜傥，这样，才能吸引到别人来到他们身边。

据了解，在2007年的时候，那时刚满20岁的朱晓东曾报名参加了东方卫视的歌唱类选秀节目《我型我秀》。而且他还是那年中性风格的代表选手，被粉丝们视为"王子"。当时有一句话是这么形容他的，在他"干净得让人心动的脸庞和纯净如初的眼神"中，不少女孩为之心醉。

反社会人格障碍者为什么会有如此大的魅力？这大概就跟有毒的植物通常色彩都很鲜艳是一个道理吧。

最后，对于情杀的解释，从另外一种精神分析的深层次角度来说，其实，爱欲本身，就与生死有脱不开的关系。

爱欲与生死，是互相纠缠不清、犬牙交错的。打个比方，生命是怎么诞生的？是要做爱。有一句诗来形容这个过程还挺合适的，叫"一将功成万骨枯"。是说，一个将帅的成功，是靠牺牲成千上万人的性命换来的。而一个生命的诞生，也就意味着无数的精子死去。

再比方说，雄蜂在与蜂后交配后，不久死去；雄螳螂则在交配完成时，被雌螳螂吃掉，作为为后代储备的食物和营养。弗洛伊德将这一现象解释为爱欲的耗竭。他认为，爱欲有时甚至会加速人的死亡。

所以，当一个人陷入疯狂的爱跟占有的时候，他们通常会用极端的生与死的方式来表达。

## 如何避免反社会人格障碍者的纠缠和伤害？

如果我们在现实生活中，遇到了反社会人格障碍者，该如何避免被他们纠缠与伤害呢？

这里给出两条建议：

第一条，你可以通过刚才我所说的反社会人格障碍的特点，来迅速对这个人做出判断，进而提前远离他。

第二条，如果提前远离已经来不及，那么有效的措施就是：直接而委婉地拒绝。

这个说法看似有些矛盾，直接和委婉本身就不能兼顾吧？

但这里说的"直接"，是指直接表达自己拒绝的态度，而不要不好意思、犹豫、怯懦，或者给对方造成若即若离的错觉。这种迟疑的拒绝态度，会让对方觉得自己可能被愚弄，进而更加生气。

而"委婉",是指在果断拒绝的同时,要讲究策略和战术。这里,有一种心理学上的效应,叫贴标签效应:当一个人被贴上一种词语、名称标签时,他就会做出自我印象管理,使自己的行为与所贴的标签内容相一致。

也就是说,当你把对方标榜成某一种人的时候,无论他是否真是这样的人,他都会在短时间里变成这样的人,或者朝这个方向去努力。这个效应可以作为一种定身术,或者障眼法,为你所用。

打个比方说,当你拒绝对方的同时,你可以给对方贴上这样一个标签:"一看大哥你就是英雄与侠义的化身,是道上混的人,有江湖规矩,是个仗义的纯爷们儿,绝不会为难我这种人。不仅不会为难,根据你的为人和势力,以后还会多多罩着我。因为你就是如此义薄云天之士!"诸如此类的标签,会让反社会人格者愉快地接受被拒绝,陷入短时间的蒙蔽大意状态,你便可趁此机会想办法全身而退。

# 第七章
# 如何让你在短时间内拥有天才的记忆能力
## ——神奇的记忆宫殿

**HARDCORE PSYCHOLOGY**

有一种非常实用的心理学技能，将彻底拉近你与"天才"和"大师"间的距离。它就是——记忆宫殿技术。

我们都见识过拥有超凡的记忆能力之人的精彩表现，比方说，他们能在短时间内记忆大量无意义的内容，正着复述或倒着复述都没问题，而且经久不忘，时隔几周，几个月，甚至几年以后再让他们复述，也能记忆犹新，丝毫不差。正是因为这些表现太惊人了，才让我们觉得自己这种凡夫俗子，跟这些记忆天才的距离相去甚远，永远不可能拥有那样出神入化、叹为观止的神技。

然而实际上呢，并不是这样的。普通人在经过训练后，也能拥有接近天才般的记忆能力。

# 第七章
## 如何让你在短时间内拥有天才的记忆能力

### 🦇 神奇的画面思维

其实所有神奇记忆术的背后,都有一个秘密,只要你掌握了这个秘密,你便能拥有之前不敢想的记忆能力。这个秘密就是"画面思维",是说在记忆一系列信息时,将其中的数字、语言、文字等其他思维方式的信息,通通转化成图像来记忆。我们身边的记忆大师,之所以能成为大师,是因为,他们能够将记忆的内容想象成丰富多彩的各种图像。

"画面思维"更多的是出现在自闭症天才身上,比如说电影《雨人》里所表现的那样,当整盒火柴在"雨人"面前掉落时,他仅凭一两眼,便能精准地报出火柴的数目。还有像"人肉照相机"这样的自闭症天才,仅凭着回忆,便能画出整座城市的庞大布局和微小细节。

在这里,我们就来学习一下这个自闭症天才的"画面思维",用到的就是"记忆宫殿技术"。看完以下的内容,不仅你自己可以记忆力超群,还可以帮助身边的人也变成"记忆大师"。

### 🦇 探索记忆宫殿

这是一份清单,共计 15 项内容,实际上它们谁跟谁都不挨着,记忆起来有难度,这 15 项内容分别是:

蒜蓉辣酱

草莓味酸奶

炭熏腊肉

6 瓶啤酒

袜子（3 双）

3 个呼啦圈

通气管

豆浆机

给小戴发邮件

肉色丝袜

找一部京剧《桃园三结义》

躺椅

扩音喇叭

绳子

气压计

现在我们启动记忆宫殿技术，看看怎么能把这 15 项内容顺利记忆下来。

首先我们必须明白一点，人类的空间学习能力是非常强大的。

举个例子，如果哪天让你在他人的房子里单独待上 5 分钟，而在这之前你从来没有来过他家。这个时候，你肯定是神采奕奕，对这座房子充满了好奇的。想象一下，在这短暂的 5 分钟时间内，你能记住多少关于这座房子的信息？

## 第七章
### 如何让你在短时间内拥有天才的记忆能力

你不仅能记住不同房间的位置，哪一间与哪一间是挨着的，还能记住这些房间的大小和装饰，还有里面的摆设、房间窗户位置……在你还没有意识到的时候，你就能记住上百件物品的摆放位置和所有物品的大小尺寸。你甚至都没有意识到自己在观察这些物品。如果把这些进入你大脑的所有信息放在一起，都可以写成一部短篇小说了。但是，人们从来不会把这种空间记忆力当成自己的记忆成就，人类只是在无意识地大量吸收着这些空间信息。

如此说来，我们的记忆宫殿技术的第一步，也是关键的一步，是要选择一座自己最熟悉的"宫殿"。

我建议各位把从小住到大的，或者是你住得最久的房子当作你的第一座记忆宫殿，因为你对它肯定很熟悉。之后，我们会把清单上的15项内容围绕这座房子的一条路线，一项一项地摆放出来。在回忆这些内容时，你只需要在想象中把刚才的路线重新走一遍，需要记忆的东西便会从你脑袋里自动蹦出来。

我们这里假设记忆宫殿是这样的，它是一栋楼房，有电梯。

我们就从这栋楼的一楼大厅说起。现在，把眼睛闭上，尽可能地联想这样一个情景：

一瓶一人高的蒜蓉辣酱骄傲地立在一楼的大厅中央。（第一个需要记忆的物品是蒜蓉辣酱。）

能联想到的细节越多越好。你要用你的多感官来记忆这个场景，这很重要。在记忆一条信息的时候，你联想的东西越多，这条信息就能越牢固地织入已存储的信息网中,你也就越不容易忘记。所以你得尽可能地联想蒜蓉辣酱的味道,然后再把这种味道夸大一点,想象一下自己正在吃蒜蓉辣酱,你的舌头要真正地感觉到它的滋味。是大蒜味的,辣的。

这时,你的大脑中已经有了一幅关于蒜蓉辣酱的多感官画面。现在我们继续往前走,进入电梯,然后开始想象把清单上的第二项放在电梯里。这一项是草莓味的酸奶。现在你闭上眼睛,想象出一个浴缸,里面充满了草莓味的酸奶……

这里要提到一个说法,也是郭德纲的相声里经常出现的,叫作"一想之美",每个人的审美不一样,你闭上眼睛后,能想到的最漂亮最美最帅的人,就叫一想之美。现在你想象出这样一个人,他正赤身裸体地在这个满是草莓酸奶的浴缸里洗澡。我想象的是吴彦祖,酸奶正从他的身上慢慢滴落……

这么做绝非只是为了好玩,而是有原因的。

在建造记忆宫殿的时候,要尽可能地有趣一些、粗俗一些、奇特一些。因为日常生活中的大部分事情都很琐碎普通,没有什么特别之处,记忆起来就很困难。而大脑很容易被新奇的和令人意想不到的东西所刺激。如果我们见到,或听到什么特别粗俗的东西,或者一些稀奇古怪、匪夷所思、不同寻常、令人捧腹的东西,就会很容易牢牢地记住它们,而且很长一段时间都不会忘。

这是因为,经过进化后,人类对两种事物最感兴趣,同时也记得最牢,那就是笑话和性行为,尤其是与性行为有关的笑话。如果你想快速记住一些东西,那就把世界上最漂亮的女人,或者男人,和你要记的东

## 第七章
### 如何让你在短时间内拥有天才的记忆能力

西联系起来,美色通常有着惊人的唤起记忆的力量。

从这一点上来说,其实,世界记忆力大赛,比的不是记忆力,而是想象力。

现在集中注意力,电梯已到达你家这一层。我们出了电梯,走进了你家,想象一下,你要向左拐进一个房间,这是你家的客厅,客厅里有钢琴和沙发。

第三项要放的东西是炭熏腊肉。接下来我们想象,在钢琴的琴弦下有很多燃烧的木炭,琴弦上有一条猪腿。哇……你闻到香味了吗?这就是把你们家的钢琴琴弦当成烧烤架,来放这块炭熏腊肉,试着尝一口,味道还真不错。

清单的下一项是 6 瓶啤酒。那就放在沙发上好了。现在,把这 6 瓶啤酒拟人化。因为与没有生命的图像相比,人们更容易记住有生命的图像。你可以想象这 6 瓶啤酒正聚在一起讨论各自的优缺点。

比如说,雪花啤酒跟青岛啤酒说:"你口感不行,没有我的柔和。"青岛啤酒反驳道:"你还没有我的纯正呢。"哈尔滨啤酒在一旁插话:"我更醇厚爽口。"雪花和青岛啤酒一齐转过头来跟它说:"你一边凉快去!"

那么,为什么这 6 个拟人化了的傲慢酒瓶会比"6 瓶啤酒"更容易记住呢?

首先,与简单阅读"6 瓶啤酒"这几个字相比,想象出这样奇怪的场景,需要花费更多的精力。而在消耗这种精力的过程中,大脑中的神经元就会形成更多稳固的联系,这些神经元又可以解码记忆。

另一个更重要的原因，先思考下面的问题：

在上周吃过的所有午饭中，你能记起来的有几次？今天的午饭吃的是什么，你还记得吗？我想你还记得。但是昨天的午饭吃的是什么呢？这就要回想一下才能记起来了。然后，前天吃的午饭呢？一周之前的午饭呢？一个月之前的午饭呢？你肯定想不起来了吧！

这并不是说，关于上周午饭的记忆在你大脑中消失了，而是你的大脑把这些午餐同其他所有午餐混在了一起。如果给你提供正确的暗示，比如说，吃饭的地点，或者和你一起吃饭的人，你肯定就能记起来了。

在我们试图回忆一个隐藏在某个记忆类别中的事物时，大量的记忆开始相互竞争，目的就是赢得我们的注意力。你对周三的午餐的记忆并没有消失，而是没有利用正确的"鱼饵"，把这顿午餐从一片午餐记忆之海中"钓"出来。

一旦一瓶酒可以说话，它在你的记忆之海中就变得奇特无比，于是就再也没有什么竞争者了。它赢了。

继续，接下来我们要记忆的是3双袜子。我们可以把它们挂在你们家的台灯上。

现在，有两种办法可以让这3双袜子吸引我们的注意力。一种办法是让它们奇臭无比。另一种办法是利用"魔幻现实主义"。你选哪一种？

我建议还是选第二种吧，因为炭熏腊肉已经把你们家搞得都是味道了。

我们开始"魔幻现实主义"，现在你想象一下，这3双袜子在那个台灯旁边挂着，但它们一刻也没有消停。因为在每只袜子里都藏着一个幽灵，这些幽灵一会儿把袜子拉得很长，一会儿又在里面使劲地撕扯袜子。

## 第七章
### 如何让你在短时间内拥有天才的记忆能力

你的大脑里要真实显现出这样的情景。最后试着感受一下,藏着幽灵的袜子突然飞起,直奔你而来,撞在了你脸上。那柔软的棉质触感磨蹭着你的前额……

继续,接下来轮到什么了？3个呼啦圈,通气管,还有一台豆浆机。

我是这样安排的：你来到一个卧室,看到三个姨妈正在转呼啦圈,由于她们太胖了,呼啦圈都卡住了；在另一间卧室,你爸爸正戴着一个通气管把头潜在鱼缸里。厨房里,一台豆浆机在呼呼作响,大声喊累。

接下来,该给小戴发邮件。发邮件……这该想象什么样的场景呢？

这个是有点难度。发邮件这件事本身就很难记住,越是抽象的词语,越不容易记忆,我们需要在一定程度上把它具体化。我建议各位把它想象成一个人妖在发邮件。能想象出来吗？然后把这个人妖与小戴联系起来。听到"小戴"这个词的时候,你首先会联想到什么？

开头字母是大写的D,那正好我们就选蒂塔·万提斯(Dita Von Teese),她名字首写字母也是D,同时她还是一位著名的脱衣舞娘,这下多少就跟人妖联系上了。

我们继续想象,下一项是肉色丝袜,把它安到蒂塔·万提斯这个脱衣舞娘身上好了,她穿着一双肉色丝袜。

接着是找一部京剧《桃园三结义》。我们把这个"京剧"放在家里的一个壁龛里,那里正好供着一个关公。关公拜关公,就是"发起狠来我连自己都拜",很好记忆。

接下来需要记忆的是：

躺椅

扩音喇叭

绳子

气压计

接着我们来到阳台，那里放着一个躺椅，你妈妈正躺在上面，拿着扩音喇叭朝你说个不停，声音震耳欲聋，响彻天际。你受不了了，拿了根绳子，从楼上顺着爬了下去。待你落地以后，你拿出一个气压计，想测测这压抑的氛围中压力是有多大！

到这里，所有需要记忆的内容就全部安放完毕。现在，你可以沿着你建好的这座记忆宫殿的路线寻找这些记忆。在你走过放置记忆的地点时，记忆就会跳出来。

你可以试一下，再次闭上眼睛，想象自己站在一楼大厅里，之前在这里放了一大瓶蒜蓉辣酱，现在它就在那儿。继续往前走，进到电梯里，看见吴彦祖正坐在一个盛满草莓味酸奶的浴缸里，拿起一块海绵擦拭身体……电梯到了，你进家了。进门后向左走，闻到了一股熏腊肉的味道。在钢琴琴弦上放着一条炭熏猪腿。你还听到那些傲慢的啤酒在沙发上高谈阔论，感觉到挂在台灯旁边的3双袜子向你飞来，撞击着你的前额……是不是全部记忆起来了？！

## 第七章
### 如何让你在短时间内拥有天才的记忆能力

不过,有人担心,这次记忆能持续多久呢?一周以后,还会记得这份清单上的内容吗?

实际上,一周以后,这些狂欢般的新奇场景仍然会对你的大脑产生强烈的冲击。这些留下深刻记忆的图像,在你的大脑中停留的时间会远远超出你的预期!

今天晚上和明天下午把你记忆宫殿里的这条路线再走一遍,如果有可能,一周之后再来一遍,那这张清单上的内容就能够真正长久地印刻在你的脑海中了。

练习完这 15 项内容之后,我们就可以尝试记忆 150 项内容,甚至 1500 项内容,挑战更大的记忆宫殿!

就这样,你便逐步拥有了超人的记忆能力!

第八章
# 时间也摆脱不了的阴影
——创伤后应激障碍
## HARDCORE PSYCHOLOGY

有一句我们经常说的话，叫"时间会带走一切痛苦，也会抚平一切创伤"。

然而现实情况却是，时间并不会带走一切伤痛，比如说创伤后应激障碍。或者你也可以这样理解，如果你内心的伤痛连时间都解决不了的话，那就说明，你很有可能是患上了创伤后应激障碍。

有的人说，我失恋了，那么难过，心如刀绞，这肯定就是一种创伤后应激障碍，事实是这样吗？

接下来我们具体讲讲连时间这把杀猪刀都拿它没办法的创伤后应激障碍，同时解决我们对这个心理疾病理解的很多误区。

需要解决的问题有以下这些——

# 第八章
## 时间也摆脱不了的阴影

创伤后应激障碍是什么样子的？是不是只是伤心这么简单？

失恋是创伤后应激障碍吗？

创伤后应激障碍的存在揭开了人类一个弥天大谎，那么这个巨大的谎言是什么？

## 永不停歇的"往日重现"

创伤后应激障碍有一个很经典的症状：闪回。注意是闪回，不是闪灵，不是库布里克的那部恐怖电影。但是这个"闪回"，比那部电影还要恐怖。

闪回，学名又叫作"侵入性被迫再度体验创伤"，说文艺一点，就是"往日重现"。

有时候，人会在无法控制的情况下回忆起曾经发生的事，再度"身临其境"，这个时候，思想、感觉、影像和记忆，一股脑地侵入到意识之中，惊惶、恐惧、悲痛和绝望也随之席卷而来。

有一个曾经经历过纳粹大屠杀的人在自传里写道，战争结束20年之后，他仍然能梦到自己重新回到奥斯威辛集中营中，看到同伴们再一次被一一绞死，自己也再一次从磨刀霍霍的纳粹党卫兵手下惊险逃亡。

这个就是"闪回"。

闪回不仅历久弥新，经得起时间的考验，而且还不分场合时间，说来就来。不管你是在工作中，还是在休息时，过去那不堪的一幕，猝不及防从天而降，像是被电击了一般，你再次置身其中。

举个例子，有一个男人和朋友们乘游艇出海钓鱼，不料，意外发生，游艇与另一艘船相撞，随后撞沉，这个男人侥幸生还，但他的朋友们却都在这次事故中不幸丧生。从这以后，他一直被愧疚折磨，认为自己没有尽最大努力去救朋友。他难以成眠，常回忆起当时发生的事。

几个月后的一天，他乘车外出，在车行驶至一座桥上时，他看见桥下河流反射出的粼粼波光，可怕的闪回如鬼魅般悄然而至，他觉得自己又回到了那被命运折磨的时刻——四周都是水和因为溺水导致肺部不断产生的气泡，他与朋友们的尸体都浮在水中……这时他的一个朋友转过头来，口鼻冒着鲜血，两眼无神地看着他……

几个小时后，这个男人才缓了过来，颤抖着重新回到了现实世界。

外界的任何刺激，如影像、声音、气味、环境和人物等，都会诱使"闪回"的发生，把人重新带回创伤那一刻。比如一位有战争后创伤应激障碍的士兵，退伍后干起了搬运包裹的工作。有一天，他看到一张包装纸上的图案后，突然闪回发作，他喃喃自语："这就是我在战场上看到的那个爆炸了的婴儿。你看！在正中间就是那些烧焦的肉，这里是伤口，还有血喷得到处都是。"这位退伍老兵喘息着，双目圆睁，汗如雨下，浑身肌肉紧绷，不住地打战……他见到了和几年前战争中同样的场景，闻到了同样的气味，甚至感受到了同样的感觉——当年，他绝望地抱着一个死婴。

# 第八章
## 时间也摆脱不了的阴影

### 只做同一个梦

各位有没有不停地、重复地做一个梦的时候?

有一个应激障碍患者曾跟心理医生反映过,说有一段时间,每天晚上都梦到自己被人追杀,然后在将要被杀掉的那一刻惊醒。

这说明了什么?

在一段时间内做反复出现的梦,实际上是一种创伤应激的体现。这在心理学上有个说法,叫"重复性强迫冲动"。重复性强迫冲动,似乎很难用意志来控制,抗拒改变的力量也很强烈,也就是说,你想不做这个梦都做不到。而那个反复做自己被杀掉的梦的人,那段日子,确实是他人生中最难挨的时光之一。他事业惨败,又面临着家庭的支离破碎、生离死别。

所以,心理学家认为,不停地反反复复做同一个梦,意味着一种身体自发地想要痊愈,却徒劳无功的企图。

也就是说,大脑一遍一遍地回放某段特定记忆,其实是在试图改写其中某段创伤的经历。

这就好比打游戏,比如说《超级玛丽》。通关相当于"心理痊愈",那么在你通关之前,在任何一个环节死掉,你都不甘心,试图一遍一遍重来,直到到达目的地。

处于创伤应激状态(受了伤)的人,他们把强迫性的重复,当作一个机会,一个试图让自己重新掌控局面的机会。

也就是我们说的,如果一切重来,我会怎样——如果一切重来,我不会跟他去游泳,这样他就不会溺水了;如果一切重来,我会好好经营我们的感情，这样我们就不会分手了……

但是现实问题是，发生过的事不可能再重来，哪怕你做出再多尝试和努力，也无济于事，所以你才会不断在梦（潜意识）里挣扎。

重复做同一个梦，是心灵受伤的标志。

## 躲避刺激源

受过伤的人，会刻意回避跟创伤经历有关的任何"刺激源"，比如某些想法、感觉、人、对话、情景和活动。

举个例子——

小张正怀着第三个孩子，却在预产期之前开始宫缩，被紧急送入医院。她在分娩时遭遇大出血，时而清醒，时而昏迷，恍惚中好像听到一个声音说："我觉得她已经死了。"然后小张就彻底昏过去了。第二天醒来的时候，她以为自己的孩子死了。但随后她意识到孩子还活着，正躺在她身侧。

在接下来的几周内，小张开始刻意回避，努力阻止自己回想起分娩时的痛苦。她会刻意避开任何跟"怀孕"有关的事物——有益于怀孕的食物不吃，甚至是象征性的都不行，比如大枣、花生、桂圆、瓜子；和正在怀孕的好友断绝来往；在街上看到有女人带着小孩，立刻扭头就走。

# 第八章
## 时间也摆脱不了的阴影

### 🦇 身体是很诚实的

也就是说,在经历了创伤事件的浩劫后,哪怕嘴上说没事,"扶我起来,我还能扛",但是身体却是瞒不住的。

每个创伤后应激障碍者,都必不可免地出现身体上的症状——

心跳加速、呼吸急促、冒冷汗;

睡眠质量很糟,常受失眠和噩梦的困扰;

情绪不稳,容易暴怒;

常常过度警觉,神经兮兮;

有的人甚至会出现幻觉。

有一位经历过 2005 年伦敦地铁爆炸案的幸存者描述,虽然爆炸已经过去好几年,但他现在乘坐地铁上下班的时候,仍会保持高度的警惕。他要确保自己一定坐在列车的前端或末端,因为他知道,如果出了意外,那是救援人员最先到达的区域。他也知道哪列车更接近地面,哪列车的隧道更宽。

为什么要区分这个呢?

他解释说,隧道越深,也就越窄,就像虫洞一样。如果爆炸发生在狭窄的隧道,那么列车就会向内爆炸。而如果爆炸是发生于较为宽阔的隧道,那么列车就会向外爆炸,他便可能还有逃生的机会。

有一次,在乘坐地铁时,旁边一名乘客的电脑掉到地上,发出"嘭"的一声响,他立即从椅子上跳了起来,抱头就跑……不管他在心里安慰了自己多少次,身体还是会下意识地做出真实的反应。

## 人格解体

小罗是一位职业女性，秋日的一天，她驱车赶往隔壁城市参加朋友的婚礼。突然高速公路上起了大雾，能见度不超过 5 米。小罗立刻踩下刹车、猛打方向盘，来躲避前方突然停下的一辆大卡车。紧接着，一辆十八轮的货柜车与她的车擦身而过。几辆大车撞在一起。人们从车里爬出来逃生时，又被别的车撞上。一时间，刹车声和撞击声不绝于耳。每一下撞击，小罗都觉得自己要死了。她被困在 87 辆连环车祸中的第 13 辆车中，也是为数不多的幸存者之一。

当车祸发生以后，小罗曾想挣扎着打开车门和车窗，但是被卡住了。这时，旁边的一辆轿车着起火来，一个女孩被困在里面惊声哭喊："救我出来，我着火了！"小罗隔着车窗看着这一幕，眼睁睁地看着这个女孩被火焰吞没。后来，一个货车司机拿着灭火器，打碎了小罗汽车的风挡玻璃，想把她救出来。当他将手伸向小罗时，发现小罗呆呆地坐在座位上，两眼无神又空洞地望着前方……

在小罗身上，便完美地体现了创伤后应激障碍的这个表现——人格解体。她的思维一片空白，大脑中几乎所有的部位都停止了活动，她的心跳和血压也没有明显上升。当问到她什么感觉时，她说什么都感觉不到。

人格解体，就是创伤导致的一种强烈的脱离现实的感觉。有的患者说，当灾难发生时，他们的人格开始解体，感觉自己变成了一个旁观者，而不是当事人。身体还留在原地，但灵魂已飞升而上，好像被挂在空中，用上帝视角看着发生的一切。

# 第八章
## 时间也摆脱不了的阴影

还有的人说，感觉世界是奇怪的、陌生的，像梦一样。物品有时候好像变小了，有时候是扁的。声音好像从很远的地方传来……情绪也好像发生了变化。他们说既感觉不到痛苦，也感觉不到愉快，好像变成了一个自己都不认识的陌生人。

这种现象告诉我们，自我可以远离躯体，像幽灵一般独自存在。

刚才所讲的这些呢，就是创伤后应激障碍的样子，显然并不仅仅是伤心那么简单。

### 失恋是创伤后应激障碍吗？

我们根据刚才讲过的症状，逐条对照一下。

要说"闪回"，失恋以后确实会控制不住，在脑海中经常出现对方的影子，包括分手那一刻的情景，越想越伤心。

接着是"重复做梦"，这个也吻合，连着好几天晚上梦到对方，可能在梦里你们还是好好的、幸福甜蜜的，但梦一醒，虚幻一场，现实还是那样残酷。

再者，是"躲避刺激源"，看样子这个也是存在的，是不是你们过去常一起去的地方，你不敢一个人再去了？以前有共同回忆的物件，你也都尽量处理掉，就怕触景伤情。

接下来是"身体的反应"，有人说我失恋后可是瘦了20斤呢，而且你说的那些身体反应我都有，比如睡眠质量很糟，常常失眠，做噩梦；情绪不稳，容易暴怒；有时候甚至会出现幻觉，我总能听到他（她）在喊我。那么这一条症状也算符合。

最后一点，"人格解体"。有人说，人格解体这个症状我必须也有，失恋以后我总觉得身体很麻木，仿佛脖子以下的部分不是自己的，我觉得自己像个"活死人"。我也会看电视，但并不是真的在看，只是木然地盯着屏幕，灵魂早已出窍。

症状到此对照完毕，看来，失恋真的是一场创伤后应激障碍。但是慢着，还有一个关键的标准你没有参考，那就是时间。通常失恋过后的反应是很像应激障碍，说是一场小型的应激障碍也不过分。只是它持续不了那么久，一般3个月是一个节点，算是失恋的平均恢复时间。也就是说，过了3个月，哪怕你还在为情所伤，但程度已经不可同日而语了，你已经可以恢复正常的生活了。

所以说，失恋算不算是应激障碍，关键在于看它持续的时间。如果你一直没有办法从那些症状中走出来，那么就可以认定你这场失恋，是给你造成了创伤后应激障碍。

## 人类的弥天大谎

刚才说过的创伤后应激障碍的种种症状，无不在说明一个问题：

人类在灾难降临以后，是如此错愕和难以招架，好像之前并不知道自己还会受伤一样。

为什么会是这个样子？

# 第八章
## 时间也摆脱不了的阴影

因为人类一直活在自己虚构的"假设世界"中，这便是人类为自己撒的弥天大谎。

那么我们假设了什么？

第一，我们认为世界是友善的，常常会高估自己的好运，认为好事会无缘无故地发生在我们身上。所以我们每天早晨睁开眼睛的时候，都会期待"今天肯定是元气满满的一天"！

第二，我们认为世界上的一切事物都是有意义的，是可控制和可预测的，而且也是公平的：好人一定会遇到好事，坏人一定会受到惩罚。如果我们努力工作、做正确的事、吃健康的食物，我们就能活得很好。

第三，我们总喜欢过于乐观地看待自己。认为即使厄运降临，怎么也轮不到自己头上，因为自己没做过什么坏事。

然而现实情况是，人类是非常脆弱的生物，死亡总在伺机待发，这是我们出于本能不愿接受的残酷真相。所以我们在心中为自己构建起了这个"假设世界"，把对生命脆弱的恐惧阻挡在外。

那么，创伤后应激障碍的原因又是什么？

通常解释这个问题，都会说到一个原因：条件反射原理。

这是说，我们跟创伤发生时的某个情景（比如说，特殊的声音、颜色或者气味）产生了条件反射，那么日后再遇到类似的情景，条件反射便被触发，就会让往日的痛苦重现。

比方说，有这样一个例子——

一个20岁出头的年轻女孩，有一天，她正和男朋友在一家快餐店用餐。一切都很正常，直到男朋友拿起装番茄酱的瓶子。番茄酱很稀，她男朋友没有掌握好力度，挤的时候一下子溅出来，溅到这个女孩面前。女孩突然呆住了，然后崩溃地大哭起来。

原来，这个女孩很早之前，曾经在挂着红色窗帘的房间里被性侵过。当时，她死死地盯着窗帘，盯着上面的颜色和图案。今天，她早已学会了如何控制自己的情绪，在一般情况下，都能从容应对。但有时，也会遇到意外情况，比如这次快餐店里发生的事，突如其来的"红色"，让当年的创伤记忆如潮水一般涌上她的心头，整个人失去了控制。

以上便是创伤后应激障碍最常见最普通的解释。但是用电影《星际穿越》里的一句台词来说，就是"不要温和地走进那个良夜"。所以，接下来我们聊一聊那些更刺激、更有趣、更诡异，也更不为人知的创伤后应激障碍的原因。

要解决的问题如下——

什么是"强直静止"？
"强直静止"是怎样导致人们患上创伤后应激障碍的？
除了"亡灵"以外，还有什么东西需要被"超度"？

# 第八章
## 时间也摆脱不了的阴影

把这些问题都解决明白了，各位便也是朝着"心理学行家"的方向，又前进了一步！

### 🦇 什么是"强直静止"？

"强直静止"对很多人来说，都太陌生了。我来举一个例子，假设一种情况，有一天，你刚看完电影，从电影院出来，走到街上。这时，突然传来一声巨大的碰撞声，有两辆车在离你不到 50 米的地方相撞。其中一辆车失去控制，向你疾驶而来。这时，你会做出什么反应？

有人说，我会嗖的一下子原地腾空而起，快速躲闪。

那么我可不可以让你，不带科幻色彩地，再好好想一下呢？

没错，其实在这种情况下，绝大多数人的反应都是原地呆住不动，像被吓傻了一样。

为什么会这样呢？

这就不得不说一说，我们大脑的运作原理了。

我们的大脑有一套自主神经系统，分为两个部分：交感神经系统和副交感神经系统。

交感神经系统就像身体的加速器。当人遇到极大压力时，身体就会发生诸多变化，比如说：瞳孔放大、心跳加速、呼吸急促、血流速度提高，把血液供往能让人快速行动的肌肉组织；身体温度降下来（手心发凉），皮肤变白（没血了，都跑到肌肉上去了），脂肪转化为能量，体内激素水平上升，肌肉紧绷，膀胱被清空（以防不测）。此时身体准备好行动了，随时可以战斗或者跑路。

但是，如果我们既不能战斗，也不能逃跑，就只好束手投降。这时候，副交感神经系统将被唤起，心跳和呼吸频率会变慢，血压会降低，同时，感觉系统开始变得麻木，感觉不到痛苦，也感觉不到恐惧。

把交感神经系统当成身体的加速器，那么副交感神经系统就是身体的刹车装置。

回到前面，当失控的汽车向你飞驰而来，在那电光石火间，你既不能战斗，也不能逃跑。因为这时候，你的副交感神经系统启动，它让你原地呆住不动。可即便如此，你却仍能感知到事态的变化，只不过在观察这一切的时候，自身已经没有感觉，也不带有任何情感——此时你的身体状态，便是"强直静止"。

强直静止也会发生在很多动物身上，比如说，有一些羊，一受到惊吓就突然四肢僵直，躺倒在地，一动不动，这是一种非常有喜感的"强直静止"。

那么我们在遇到危险状况时，为什么会发生"强直静止"呢？有些人说，这不相当于在等死吗？

"强直静止"其实是人类数百万年来演化出来的英明产物。乍一看上去，就像有的人说的，像是在等死一样，是一种自我毁灭之举。但事实上，"强直静止"不是等死，反而是在最大限度地求生；"强直静止"，也不是不动，而是在谋定而后动！

## 第八章
### 时间也摆脱不了的阴影

毕竟人类直到近现代，才生活在拥有百万级人口的大城市中。之前我们进化了那么久，很大程度上是为了适应丛林野外环境。

试想一下，一头猛兽向我们扑来，如果这时，我们保持完全静止，不发出任何声响，进入"强直静止"状态，像死了一样，那么捕食者可能就会被我们糊弄过去，因为有很多猎食动物是不吃死物的。最糟糕的情况，也不过是它们将我们把玩一番，摇晃我们的身体，撕扯我们。但我们很可能会捡回一条命。而且，因为在"强直静止"状态下，副交感神经系统启动，让我们感受不到恐惧，也感受不到疼痛。换句话说，即使被野兽用锋利的牙齿和爪子开膛破肚也不觉得难熬。这样，才能撑过这段时光。

来看这样一个例子，有一位探险家，用他当年的经历，生动地为我们描述了何为"强直静止"。以下是他的原话——

"在装子弹的时候，我忽然听到一声大吼。我转过头去，看到一头狮子正向我扑来。它抓住我的肩膀，把我掀倒在地。它一边咆哮一边摇晃我的身体，就好像狗在玩弄耗子。我当时完全惊呆了，这感觉应该如同老鼠第一次被猫抓在手里一样。我似乎陷入某种梦境，既感觉不到疼痛，也感觉不到恐惧，但我清楚地知道当时发生的一切。"

那么，"强直静止"跟创伤后应激障碍又有什么关系呢？看起来，这两者并没有关系。下面，我们就来解决第二个问题："强直静止"是怎样导致人们患上创伤后应激障碍的？

有两方面原因，第一个是：能量。

用一个例子来说明，在非洲草原上，年幼的黑斑羚遭到了猎豹的追击，它拼命撒腿奔跑，它的神经系统也在以每小时110多公里的速度聚集能量。在猎豹发起最后冲刺时，黑斑羚突然瘫倒在地。从外部看，它静止不动，仿佛死了一样。就是我们说的出现了"强直静止"。但是在内部，它的神经系统，仍在以每小时110多公里的速度聚集能量。虽然它的身体一个刹车不动了，但是此时它身体内部的情况，跟我们在开车过程中把油门踩到底，紧接着再将刹车踩到底，是一个情况。这时，内在的神经系统，和外部身体僵直不动之间，在它身体内造成了一个强烈的"涡流"，其形态与飓风相似。

正是这种心理能量的"飓风"，造成了创伤后应激障碍的各种症状。为了使这种能量的力量更形象，你可以想象一下：你正在跟你的伴侣做爱，你就快要高潮了，突然，某些外力将这个过程一刀斩断。将这种抑制感放大100倍，你就大概明白，一次威胁生命的经历，所能引发的能量会有多大了。也就是创伤发生时，所造成的能量会有多大。

如果这些能量，我们事后没有释放出去，就会滞留在身体中，左碰右撞，上下翻飞，导致各种问题，最终形成创伤后应激障碍。

这就是"强直静止"导致人们患上应激障碍的第一个原因：在"强直静止"发生的过程中，会产生巨大的心理能量涡流。

"强直静止"导致人们患上创伤后应激障碍的另一个原因是：内疚。

正是因为有"强直静止"的存在，所以我们才在汽车驶向我们时一动不动。同样，在其他创伤事件中，我们的表现，也多是这个状态。这

## 第八章
### 时间也摆脱不了的阴影

个是本能进化出来的，是我们自己控制不了的。

但是，当事件发生过后，我们却不这么想，我们认为，自己当时不应该呆住不动，会想："如果我当时做了什么，是不是他就不会死？""如果我当时多努力一点，是不是整个历史将会被改写？"

诸如此类的懊悔和执念，会一刻不停地纠缠我们。会让我们深陷自责与愧疚中，难以释怀。

### 🦇 没有得到"超度"的"亡灵"

在你的生活中，有没有遇到一些人，他们明明自己资质很好，却总是在感情中沦落为弱势一方，甚至最后陷入被动又悲惨的局面？

来说一个案例，女主角的名字叫小贾。

小贾可以说是一个智慧与美貌并存的女子，事业成功，长相数一数二。找男朋友对她而言根本不是问题，问题是怎么留住男朋友。小贾今年28岁，她总是喜欢那种有挑战难度的男人，而这种人一般也都狂放不羁，很难定性，很难从一而终。每次恋上一个人之后，小贾都表现得如痴如醉、神魂颠倒。而她的男朋友无一例外最终都要跟她提分手。分手的时候，她哭得撕心裂肺、死去活来，甚至双膝跪地，死死抱住对方的大腿，哀求对方千万不要离她而去，一点做人的尊严都没有了。

小贾自己也想不通为什么会这样，因为她是个在其他方面都很要强、很有自尊的人。在一次心理治疗的过程中，揭开了谜底。原来这一切都源自她6岁那年的一个晚上发生的事情……

那天晚上雷雨交加，小贾觉得特别害怕。她一个人待在楼上自己的卧室里，开始放声大哭，拼命喊叫自己的爸爸妈妈，让他们快点过来。但是，她的父母正坐在一楼客厅，一边嗑瓜子一边看电视。外面的狂风暴雨把小贾的哭喊声完全淹没，他们一点都没听到，也就没上楼安慰她。最后，小贾哭喊得声嘶力竭，在疲惫中进入梦乡。

那么现在，这个"亡灵"就浮出了水面，是什么呢？是过往的记忆。

如果当前的创伤反应，能被直接追溯到早年的一段记忆，我们就把这样的记忆称为"未被超度"的记忆。意思是，它们被储存在大脑里，但仍然保留着当年的看法、身体感受和心情等。这些记忆原封未动，细节丝毫未减。

在那个雷雨交加的夜晚，还是个孩子的小贾内心恐惧至极。可能对某些人而言，打雷根本不算事，但对小贾而言，她心里认定她当时的处境是极度危险的。

她声嘶力竭喊父母过来，他们却没来，这让她有了这样的感受——在她真正需要父母帮助的时候，肯定会被他们抛弃。这个记忆，带着她当时强烈的恐惧感一起，储存在了她的大脑深处，每次男朋友跟她提出分手时，都会被激发出来。

到那时，她的所作所为不再像一个成熟且成功的28岁女士，而是像一个满怀恐惧的小女孩，一个人孤苦无依地被留在黑暗里。所以这时，分手已不是简单的分手本身，分手相当于当时父母对她的"无视"和"遗弃"，所以每一次分手，就如当年那个雷电交加的夜晚再临，也就意味着她再一次感受到深陷绝境，极度危险，无依无靠，满怀恐惧。

## 第八章
## 时间也摆脱不了的阴影

这样一来,她就会无意识地将与恋人分手,看成会要了自己的命。

我们的大脑有一套装置,或者说是一套信息处理系统,来帮助我们恢复心理健康。这个信息处理系统,会"消化"你过往那些不愉快的记忆,相当于在"超度记忆"。

打个比方,假设你刚刚跟同事吵了一架。你可能会觉得不舒服,非常气。你对同事和自己都产生了各种负面的想法,比如想上去撕了他,或者觉得自己好没用。后来你又抵制住了这种冲动,别的不说,它们很可能会让你丢掉饭碗,所以你只能走开了事。然后,到晚上你睡了一觉,第二天醒来,可能感觉就没有那么糟了。因为你的信息处理系统,帮你消化掉了这次不愉快的经历,尤其是在睡梦中。

过后,我们的大脑还在不断处理这件事情的记忆信息,让它与其他信息进行交流和整合。你对这件事情的感受也慢慢开始变化,比如说,你可能会觉得当时自己错怪了对方,或者当时对方也有难做之处,等等。接下来,你很可能会心平气和地去跟这位同事谈一谈,前一天那剧烈的情绪波动,也早已不见踪影。

但是,遗憾的是,有些人的这套信息处理系统出现故障了。创伤和焦虑的记忆没有办法得到"消化"。它们就一直被放在那里,你的所见所感、当时的景象、各种情感、身体上的感受,保持得原汁原味,没有经过任何处理。所以,每次你看到和你吵过架的那位同事,你就好像是前一秒钟刚刚跟他结束战斗一样,怒气难消,要不是旁边有人拦着,估计你们还得打成一团。

如果我们的某些创伤记忆得不到处理,它们就像没有得到超度的亡灵，变成孤魂野鬼，游荡盘旋在你的大脑中，苦苦纠缠折磨着你。

那么，如何治疗创伤后应激障碍呢？
要解决的问题包括——

"碎花瓶理论"是什么？
皮亚杰的"同化"和"顺应"是什么？
这两个理论是怎样联手的？
真实又"魔幻"的催眠治疗实例是什么样子的？

## 碎花瓶理论

假设在你家桌子上摆着一只珍贵的花瓶，它是你的心头好。然而有一天你不小心把它打落在地。所幸它损坏得并不太严重，可能只是缺了一个角。你会怎么办？

很多人的做法是，拿胶水把这个掉下来的角粘回去，这样这只花瓶看上去就跟以前一样，看不出来被摔过。

对一部分人来说，创伤也是如此。我在一开始讲创伤后应激障碍的时候提过，我们都活在自己的"假设世界"里，而且这个世界非常牢固，将我们封印于其中，使我们始终抱着一个潜在信仰生活——

# 第八章
## 时间也摆脱不了的阴影

我们认为世界是友善的。

我们认为世界上的一切事物都是公平的：好人一定会遇到好事，坏人一定会受到惩罚。

我们总喜欢过于乐观地看待自己，认为自己总会幸免于难，是最幸运的那一个。

创伤事件虽然会在一定程度上破坏我们的这个"假设世界"，但是不足以彻底地撼动，所以你把碎花瓶掉下的一个角粘回去并不难。

那么我再让大家想象一下，如果这次花瓶在地上摔得粉碎，碎成了几千几万片。你跑过去捡起地上的碎片，心里难过极了。你会怎么做？

有的人说，我还是会努力把它一片一片粘回去。因为我真的很喜欢这只花瓶，就像怀念那曾经安稳无忧、风平浪静的生活一样。

如果你足够幸运，也许真的可以做到，让花瓶看上去跟以前一模一样。但如果你凑近了仔细观察，就会发现，它现在之所以还能维持原来的形态，全仗着胶水的力量。你再看得仔细一点，就会发现花瓶上其实伤痕累累。虽然它好像已经恢复原貌，但哪怕再受一丁点震动，花瓶就会再次变成碎片。

同理，那些在遭遇严重创伤之后，试图维持自己原有"假设世界"的人，会变得更加脆弱、更警戒，也更容易受到伤害。他们那严重受损的"假设世界"，将会一次又一次面临支离破碎的危险。

这个就是碎花瓶理论。将我们的人生比作花瓶，而创伤性事件就是把花瓶摔碎的力量。

## "同化"和"顺应"

皮亚杰是著名的儿童心理学家,他对心理学最重要的贡献,是把弗洛伊德的那种比较随意、缺乏系统性的临床观察,变得更加科学化和系统化,使临床心理学在日后有更好的发展。

而"同化"和"顺应"这两个概念,是他的重要研究成果,是两种人类认知的过程。

什么是同化?拿搭积木举例,一个小孩刚学会把一块积木放在另一块上,她玩得乐不可支,这时她发现了一块磁铁。她从来没见过磁铁,以为它是另一块积木,因为磁铁从形状上来看就是积木的样子。于是,她把这块"积木",跟其他积木搭在一起。

这就是所谓的同化——把新的认识归纳到旧的知识体系中。不认识磁铁,但是认识积木,反正形状差不多,就把磁铁归类到积木的"体系"中。

然后这个孩子偶然发现,这块新"积木"可以吸住金属。于是她就换了个方式来玩它,不再用它来堆积木,而是用它吸附各种东西。这就是顺应——重新解读新的知识,发展出新的知识体系。认识到磁铁有积木没有的功能,便不再把磁铁当作积木来对待,而是充分发挥了它磁力的功能。

所以同化是指将新经验纳入已有的认知结构中,而顺应则是,调整已有的认知结构来适应新的经验。

皮亚杰说,儿童在学习过程中,既需要同化,也需要顺应,要在二

## 第八章
### 时间也摆脱不了的阴影

者之间取得某种平衡。皮亚杰的这个"同化顺应"理论，不仅可以指导儿童的学习，也可以指导我们理解成年人的创伤世界。

听到这儿，有人会说，到目前为止我也没看出来皮亚杰的同化和顺应理论，是怎么跟我们成年人的创伤世界挂上钩的。

那么下面，就是时候，该将两个理论合体了。

我们把花瓶打碎了，然后，总试图想把碎片粘回去，这就相当于"同化"，把新发生的情况，归到旧有的知识体系中。

但是我们也要知道，"同化"并非应对创伤的唯一方式，有的人会捡起碎片，用它们创造出新的东西。他们也会因自己珍爱的花瓶被摔得粉碎而感到悲伤，不过还是选择接受事实。他们知道，覆水难收，花瓶再也不可能恢复到曾经的模样了。那么他们就开始思考，该拿这些碎片怎么办？或许可以把它们重新拼凑出一幅马赛克镶嵌画，以新颖而别有意义的方式来保存它——这便是"顺应"。

那么为什么皮亚杰说，还要在两者之间取得平衡呢？

有这么一个说法——

心理学家发现，在创伤发生以后，我们往往会先竭尽全力使用"同化"，誓死捍卫我们的"假设世界"。因为抛弃对自己过去的看法和对世界的看法，无论搁谁身上，都是一件特别痛苦的事。这个现象被称为"认知保护"。我们会竭尽全力寻找符合旧认知的信息，忽视、抗拒，甚至是篡改那些与旧有认知不符的东西。

就像一位著名哲学家说的——

131

"生活陷入一片混乱，人也迷失了自我。他们知道这一点，但是他们太害怕了，不敢直面这一团糟的真相，只能一次又一次地拿幻想来替代真实。在幻想的世界里，一切都井然有序、清晰明确。幻想的世界虽然并不真实，但他们毫不为此担心。他们把它当作求生的战壕，以对抗真实的存在；他们把它当作田野里的稻草人，试图把真相吓走。"

所以我们在"同化"时的做法是：

做只鸵鸟，试着忘记发生的所有事，让自己陷入回避一切的境地（这对我们毫无帮助）。

把一切归咎于自己，认为一切都是自己的过错导致的（这样做的逻辑是，如果创伤事件可以被阻止，那么世界在我眼里依然是可控的，我的"假设世界"不动；如果我现在承受痛苦是因为我个人的错误，那么世界在我看来就依然是公正的）。

要不干脆责怪他人吧（因为责怪自己也挺痛苦的，不管怎么做，这能使人们觉得依旧可以掌控自己的命运，世界也是公平如初）。

我们都认识那么几个人，他们不能听真话，对一切与他们自我认知和世界观不符的信息都充耳不闻。想想你在工作上，或在生活中遇到的不愿意承担责任的同事和朋友吧。一旦出现麻烦，他们就把自己的责任撇得一干二净。不仅如此，还很有可能掉过头来攻击别人，以保护脆弱的自我。

坦白来说，在某种程度上，我们都是这样的人，至少有时候是。这是我们的本性，也同时正好反映了我们的"同化"过程——不愿意接受新的现实，试图把碎掉的花瓶拼回原样。但是这么做，最终受伤害的还是我们自己。因为花瓶并没有真的复原。

## 第八章
## 时间也摆脱不了的阴影

创伤幸存者在尝试"同化"的时候，看上去会更加脆弱。他们的内心世界，如同那只被粘回原样的碎花瓶，涂满胶水，缠满胶带，也更容易碎裂，更容易被新的创伤击垮。

那我们在创伤后的"顺应"中，又是什么样子的？

创伤向我们的价值体系发起挑战。它让我们直面生命存在的真相，把我们旧有的价值观击得粉碎。我们越是试图抓住自己的"假设世界"，就越发无法接受真相。所以我们必须要"顺应"，来修改我们的"假设世界"。我们需要明白，坏事也确实会发生在好人身上。

但是，有的人也做得太过火了，他们把旧有的"假设世界"全部抛弃，比方说，在受到伤害后，一定会从经历中学到点什么——应该避免去某些地方，避免接触某些危险人物，而这些人则过度地认为，没有任何地方是安全的，所有人都很危险！

这种要么全有，要么全无的做法，可以说是"矫枉过正"，对我们修复创伤毫无益处。

"顺应"与"同化"这两股力量形成一种矛盾的张力，其互动的结果将决定我们未来的心理状况。

所以，皮亚杰才会说，要在"同化"和"顺应"之间找一个平衡点。

### 🦇 真实又"魔幻"的催眠治疗实例

很多人都觉得，电影中的一些催眠场景很酷，比如《盗梦空间》中场景的精妙变化，反映出被催眠者大脑中天马行空的意念。其实，真实的心理催眠治疗，要比这些艺术作品还要精彩，脑洞更大，更玄幻！

下面就来说一个真实的心理催眠治疗案例，让大家管中窥豹，了解一下人类的潜意识心理，那个精妙绝伦的隐秘世界。

这个案例的女主角名字叫小梁，小梁是一位内科女医生，同时，也是一名"心理疾病"患者。她的问题是，多年来反复出现颈部疼痛和下腹疼痛的症状，为此做了大量的身体检查，却没有发现任何器质性的问题。慢慢地就明白了一件事，这可能不是身体上的问题，而是"心病"，于是，她选择了接受催眠治疗。

治疗开始了，她跟心理医生说，她感到脖子处有种不均匀的紧绷感。医生鼓励她认真体会那种感受。当她将注意力集中到那种紧绷感上时，她的头微微向左转动了一下，进入了催眠状态。

几分钟后，小梁的腿开始微微地抖动，她完全进入了自己过往的内心世界，在经历了一系列不舒服的感觉和情感之后，其他影像开始出现：

她"记得"自己被一个男人绑在一棵树上，这个男人扯掉她的衣服，使劲打她，然后将一根棍子塞进了她的下体。

接下来，她躺在被拢成一堆的叶子上，她感到很兴奋，但同时又很平静。

突然，她清晰地看到了那男人脸上的细节。那是一张发红而扭曲的脸，汗珠从他额头滑落下来。

然后几乎连气都没喘，小梁再次转移视线，看到地上的秋叶。叶子

## 第八章
### 时间也摆脱不了的阴影

环绕着她。她说她在叶子间嬉戏,有种很清新的感觉。她心情很愉快。

在下一个意象中,她又一次被绑在了树上。她看到那个男人裤门敞开着,阴茎露在外面。他用刀剖开一只兔子,然后向小梁尖声说,如果她敢告诉别人就杀了她。小梁感觉自己头快要炸了。

又一个画面到来,小梁躺在了奶奶的臂弯里,将发生的事告诉了奶奶。小梁说,她此时有种深深的欣慰感,说的同时她流下了眼泪。

在接下来的一幕中,她又在树叶堆里翻滚嬉戏。她笑着,来回翻滚身体,胳膊紧紧地抱在胸前。

这次催眠过后,小梁身体上的毛病就消失了,更重要的是,她说自己找回了开心和幸福的感觉。

是不是很魔幻?

那么这场催眠到底是怎么一回事呢?想必很多人也是听得云里雾里的。

在小梁的治疗案例中,有医学和警方的报告,证实了小梁早年时受过性侵。

那么这场催眠是怎么治好了她的心理创伤呢?我们来看看小梁是怎样在"同化"和"顺应"之间找到这个平衡点,完成跟过去的重新协商的。

小梁在这场催眠中,实际做了两件事,第一件是回忆过去,重新经历了她的童年时期,这算是"同化"。第二件是,在她成年以后,又遇到很多事情,使她的大脑创造性地将不同时间、不同地点中产生的不相干的事件碎片展示了出来,这相当于"顺应"。

我们具体来看看是怎么回事：

在小梁的催眠画面中，有个男人将她绑到树上两次。

这当然是有可能的，但是在这种情形下，她真的能那么兴高采烈吗？就像她在催眠里形容的，她感到很兴奋，心情很愉快。这似乎有点不大可能。更有可能的是她在另一个时间空间里，曾在树叶间玩耍。现在这两种回忆掺杂在一起。就是又被绑架又开心玩耍着。说明小梁试图在寻找那个平衡点。

那么男人将兔子开膛破肚，冲着她尖叫，又将阴茎露在外面，这个画面意味着什么呢？这是对当时事件的准确描述吗？如果是这样，那么这个男人是从哪儿弄到的那只兔子呢？当然，这可能确实是当时真切发生的事情。然而，也可能存在其他解释。

可能那个男人当时告诉她，他会把她像兔子一样切开。或者也可能在别的某个时间，小梁曾看过，或者在书上见过兔子被剖开的场景，然后被吓坏了。她便拿这个影像来形容她当时的感受。这个画面，确实也能传达出一个年幼的孩子在那样的情形下的恐惧感。

所以，小梁在催眠内容中表达的，是当年遭遇性侵时的事实情况，跟她日后其他情景中的记忆感受，两样东西叠加在一起形成的。她对当年事情的回忆是在做"同化"，对之后相关记忆的添加是在"顺应"，她把它们糅在一起，就是为了重新协商，达成一个平衡。

作为成年人的小梁，能够遵循机体的创造性指示去做，因为我们人类的心灵本身，就有很强大的自愈能力。她的意识在两种影像之间转换：一种影像唤起了她童年时经历的恐惧；另一种影像沿着这种恐惧扩大延伸。

## 第八章
### 时间也摆脱不了的阴影

　　她紧紧跟随着伴随着这些影像而来的体验和感受，从而使自己的身体，体会到这种能量涡流之间的波动。这两种涡流最后合成了新的现实，同时释放了她创伤后淤积在心里的沉重能量。她终于得以与那次的可怕事件"重新协商"，也是跟自己的过去达成和解，于是相应的身体上的伤痛感便随之消失了。

　　这就是小梁的催眠治疗过程。

　　到这里，整个创伤后应激障碍的内容就全部结束了。

第九章

# 与人打交道是对我生命的巨大损耗

——社交恐惧症和它的朋友们

**HARDCORE PSYCHOLOGY**

现在很多人都说自己有社交恐惧症，比方说——

不喜欢接打电话，就算接打电话也只是勉强应付，有事说事。

在正常的社交场景里经常觉得很别扭，做个动作，说句话，都让自己觉得尴尬得不行。

害怕欠人人情，面对别人给的好处和温暖总有种受宠若惊的感觉，而且很惶恐。

觉得联系朋友和维持关系是一件特别累的事，于是就干脆自己一个人待着。

以上这些呢，虽然也算是我们人际交往中出现的问题，但是它们还远远谈不上是社交恐惧症。

很多人真是太小瞧社交恐惧症了。

社交恐惧一直在心理学界被认为是最具毁灭性的恐惧，因为它会严

## 第九章
## 与人打交道是对我生命的巨大损耗

重伤害到人类这种孟德斯鸠口中的"社会动物"。这种恐惧能夺走对我们来说,最珍贵、最不可或缺的东西,那就是人际关系的食粮,而这种食粮对我们的生存来说,与物质食粮同等重要。

所以在这里,我就要帮大家搞清楚什么才是真正的社交恐惧症,以及其他那些形形色色、光怪陆离的恐惧症——

什么才是社交恐惧症?
为什么社交恐惧症的危害会这么大?
如何快速判断对方或者自己是否患有恐惧症?
社交恐惧症的朋友们和那些千奇百怪的恐惧症都是什么样子的?

### 什么才是真正的社交恐惧症?

小马,男性,28 岁。

小马好几次被医生诊断为抑郁症、酗酒和精神分裂症。实际上他患上的是社交恐惧症。

情况是在小马青春期的时候开始恶化的。在初三的一天,小马在学校餐厅正端起一杯水要喝的时候,他的身体开始很不寻常地颤抖起来。他觉得自己是有点疲劳和紧张。然而第二天,在用餐的时候,他又开始颤抖。第三天,同样的事情在他从一个同学手里接过餐盘的时候又发生了。小马感觉到他的同学注意到了他的颤抖，并有些发愣地看着他，但是并没有对他说什么。小马从此再也不在餐厅用餐了，因为他觉得别人都很在意他身体的颤抖。

渐渐地，小马在课堂上也开始觉得难受，他害怕自己在回答问题时又浑身颤抖；他尤其畏惧化学课，因为在课上他有时候需要在邻座同学的注视下，更糟糕的是在老师的注视下，将液体从一支试管倒进另一支；在校车上，他也觉得非常不自在，总觉得周围的人都在看着他。于是从此，无论刮风下雨，他都坚持自己骑单车上学。

这种恐惧后来变得越来越广泛，小马开始愈发频繁地自我封闭和逃避现实。他在很艰难的情况下通过了高考。在笔试的时候，他受不了监考老师可能在他答题时看着他写，于是，他只在监考人员在考场闲晃，或者背过身时才填写答案。

后来，虽然考上了大学，但他不得不放弃大学学业。因为他受不了挤满人的阶梯教室，他必须得最早一批到达教室，保证在角落或者后排找到座位，但在这些位置他无论如何都没法记下一丁点笔迹。

小马也没有找到工作，因为没有办法参加工作面试，这会导致他很可怕的颤抖（至少对他来说是很可怕的）。

家里人后来给他安排了一份工作，而他也从未跟外人提起过自己的问题，所以一开始还是顺利的，但是后来，他不得不通过喝酒，来挨过工作中需要跟人打交道的日子，挨过那些他躲不开的会议。酒喝得越来越多，小马的情形也越来越差，最终被开除了。他成了与社会彻底绝缘的人。

小马的这个案例，就是社交恐惧症的一个真实情况。

是不是跟我们一开始说的那些情况比起来，要严重得多了？那些不爱接打电话、在公共场合觉得别扭、尴尬、不爱说话等状况，与其说是社交恐惧症，不如说仅仅是害羞而已。

而真实的社交恐惧症，会严重影响到个人的生活，甚至生存。就像一位社交恐惧症患者说的："我觉得自己是苟活于世，凡事都惧怕，凡事都失败，我为要逃避一切我本来幻想能好好享受的社交情境而感到心力交瘁。一次相遇、一个眼神、一句话都能让我焦虑。和他人在一起的时候，我感到害怕；而我独自一人的时候，又觉得绝望。社交恐惧症已把我逼到了绝路的边缘，上天无路，入地无门！"

这便是社交恐惧症。

## 无法社交的社交动物

人类是社会动物，也可以说是社交动物。

人类的生活中，存在着各种各样的情境，是人类避不可避，甚至是赖以生存的要素。

比如说——

表现情境：参加考试或者面试，做报告或者讲座，在公众面前发言。

观察情境：你肯定避免不了一点，就是做事的时候被人看着（或者自认为被看着），包括走路、吃饭、喝水、开车，甚至并没有在做事情的时候，都会在别人的观察之中。

表达情境：维护自身的权利，表达自己的看法，说出自己的要求，等等。

而社交恐惧就是让你无法应对这些情境，不停地回避这些情境。对人类这种社会动物而言将是致命的，你将活成一座可怕的孤岛。

要说患有恐惧症，这里必须具备几个条件：

第一个条件，惊恐发作。

惊恐发作是一种强烈的焦虑反应，并伴随着躯体症状，比如心脏猛烈地跳动，呼吸急促或者没办法呼吸，大量出汗，虚弱，眩晕。惊恐发作常常伴随着绝对的恐怖感，危险即将来临和濒死的感觉，以及想要逃离现场的冲动。同时还有，失去控制，要发疯和马上就要死掉的想法。

如果你在面对一件事情的时候身体出现了这种症状，那么就要留意，并加以小心，你很可能是对这件事情患上了恐惧症。

第二个条件，对生活造成影响。

这个影响在小马身上已经是显而易见的。他已经无法完成大学的学业，也没有办法正常生活工作养活自己。

那么下面，我们再来看几个案例，看看恐惧症对生活的影响是什么样的。

第一个案例叫"恐惧让我无法结婚"。

这个不是婚前恐惧症，也不是对结婚对象产生恐惧。

说出来可能更啼笑皆非，因为这个案例的主角有"针头恐惧症"，没办法通过婚前体检。而结婚领证前，必须要先婚检。

这位"针头恐惧症"患者，央求医生："在检查前，给我来点乙醚，

## 第九章
### 与人打交道是对我生命的巨大损耗

或者巴比妥酸盐，给我来个痛快！"

结果医生面无表情地答道："对不起，我不能因为一次抽血化验，就对你进行全麻。"

医生还告诫他，说婚前检查其实只是他生活中的一个小小的问题，以后即使很小的医疗检查都可能需要采血，如果他真摊上大病可就麻烦了……但是话还没说完，医生就赶紧起身跑出去喊人了，因为这个人光是听到"采血""血""打针"这些字眼，就昏倒在地了。

不了解情况的人，都误解他，认为他这个样子是怕疼。其实不是的，疼痛对他来说根本不算什么。这个"针头恐惧症"患者说："不信你打我一顿，狠狠打，我都不会喊疼的。我的问题是，仅仅是有打针这个念头，就开始控制不住地颤抖，惊恐发作，浑身出汗，没办法忍受，会晕过去！"

第二个案例叫，"上不去的电梯"。

小王今年刚刚大学毕业，通过层层面试选拔，终于获得一家世界500强大公司的offer（录用信）。这一天，他正式来总部公司报到，发现公司所在的楼层是55楼。他对进入公司感到深深的恐惧，不是害怕面对接下来工作的挑战，或者职场中的尔虞我诈，而是害怕进入通往公司楼层的电梯。

没错，小王患有"电梯幽闭空间恐惧症"，他没办法乘坐电梯。以往，他都会尽量选择走楼梯。但是，没想到，这次会在这么高的地方办公。

于是，接下来，在同事眼中，就多了一个爱锻炼身体的新同事——小王每次到55楼都是用爬的。一开始还好，后来问题就出现了，因为不光上下班要爬55层楼梯，中午出去吃饭，也要爬55层楼梯，还有，领导经常吩咐他外出办事，还要再爬55层楼梯。即使小王年轻，体力上吃得消，但是耽误时间，工作效率被影响了。慢慢地，领导也开始不满，小王有可能会失去这个得来不易的在大公司发展的机会。

这是患有恐惧症的第二个条件，对生活产生影响。

第三个条件是，无法自拔。

就是你明明知道所害怕恐惧的事情是不合理的，甚至是不可能发生的，却还是会陷在里面，无法自拔。

举个案例，一位患有严重"广场恐惧症"的妇人，因为害怕到空旷地带，或者自己不熟悉的地方，她已经将近20年没出过门。生活全靠她女儿每周来探望，带来日用品。其实，她何止是不出门，她还十几年没有自己去开过门，因为害怕往走廊里看。她的生活范围只局限在卧室、卫生间和厨房这几个区域。因为她一旦超出了这几个区域，就会如临大敌，惊恐发作，感觉整个人快要死了。

是这些区域以外有什么鬼怪，或者有害生物等着谋害她吗？当然没有！这一点这位妇人自己也是清楚的，但是她就是控制不住自己的恐惧。

如果你在害怕一件东西，或者某一情境的时候，同时满足了以上3点，并且持续时间达半年以上，那么你便极有可能已经患上了某种恐惧症，应该积极寻求心理医生的帮助。

这里再说一个可以快速判断是真的有心理疾病，还是假装有心理疾

# 第九章
## 与人打交道是对我生命的巨大损耗

病的方法——

大多数真的患有心理疾病的人，不会过于对外声张自己的病情，甚至会极力隐瞒自己的病情。所谓"大悲不言痛"，反而是那些假装有病的人，才总爱四处嚷嚷，标榜自己有这样或者那样的心理问题，觉得有心理疾病是件很酷的事。

### 社交恐惧症的朋友们

社交恐惧症的朋友们和那些奇奇怪怪的恐惧症主要分为这几类——

首先是比较常见的：

动物恐惧症，即害怕某种动物。这里，容易造成恐惧的动物按顺序依次为：昆虫、老鼠、蛇。当然，对鸟类、狗、猫的恐惧症也比较常见。

一位恐惧症患者在接受治疗时说，自己对螃蟹有恐惧症，她甚至连螃蟹的照片也接受不了；还有人对鸽子有恐惧症，说鸽子那没有眼睑的眼睛，像是在预示着什么，让人看着实在是心惊胆战；还有人甚至对无害的蝴蝶也有恐惧症，因为一看到蝴蝶就情不自禁地联想到毛毛虫，非常可怕。

还有自然恐惧症，就是对一些自然因素感到恐惧，比如水、雷雨和黑暗。

一位"雷雨恐惧症"患者说她每当打雷下雨的时候，都会把全家人赶到车里，上车就走，一直到雷雨结束才停下来。因为她曾经读过人在汽车里不会被雷电击中的故事——汽车的金属外壳形成了一个隔离罩，也就是电学家所谓的"法拉第笼"。看来不会点物理知识，还轻易不敢得恐惧症了。

有的人对水有恐惧症，表现在，游泳池和海边成了危险地带，会避免乘船游玩；在泡澡或淋浴时头会远远地躲开水柱。因为如果头沾到水的话，压抑感便会排山倒海般袭来，让他们仿佛溺水一般窒息。

还有的，便是对黑暗的恐惧。患有黑暗恐惧症的人，从来不会在没有光线的环境中睡觉，特别害怕醒来之后发现自己处在完全黑暗的环境中。因为他们常常把黑暗同对死亡的恐惧联系在一起，有一位患者说："当我醒来发现自己在黑暗中时，就好像身处坟墓一样。"

再者，便是幽闭空间恐惧症。害怕待在狭小封闭的空间之内。

对于这个情况，放射科的医生常常感到很棘手，因为有幽暗空间恐惧症的患者，不肯进到一些医学仪器中进行检查，比如断层扫描仪、核磁共振机等，耽误治疗。

还有一些人，可以称作隧道恐惧症，或者洞穴恐惧症。当他们乘坐交通工具穿过隧道时，也觉得痛苦难耐。这种穿过隧道，或进入洞穴的感觉，可能更像是自己作为猎物被捕后，在捕食者爪子下动弹不得的感受，或者像是被塌方困住后的绝望感，绝不是什么好滋味。

以上是还算比较常见的恐惧症类型，下面来说说那些更鲜为人知的恐惧症，不用怀疑，它们是真实存在的——

听觉恐惧症，害怕听到声音。

气流恐惧症，害怕空气流动、通风，害怕风。

## 第九章
## 与人打交道是对我生命的巨大损耗

穿行恐惧症，害怕穿过马路，害怕穿过草地，害怕穿过树林。

尖锋恐惧症，害怕锋利的尖锐的物体，比如小刀、碎玻璃。

灰尘恐惧症，害怕灰尘。

男性恐惧症，害怕男人，害怕跟男人发生性关系。

洪水恐惧症，害怕洪水。

无限恐惧症，害怕无穷大，没有边际，比如深海。

废墟恐惧症，害怕废墟、废弃建筑。

极光恐惧症，害怕见到极光。

当众呕吐恐惧症，害怕当众呕吐。

最后一个，也最扎心，叫孤独恐惧症，害怕单身，害怕独居，害怕独自一人。

聊完社交恐惧症以及其他恐惧症的具体表现，我们再来讲讲社交恐惧症形成的原因和应对方法。

主要解决以下问题——

人类的恐惧从何而来？

人类的大脑中隐藏着怎样的关于恐惧的秘密？

聚光灯效应是怎么一回事？

社交恐惧症仅仅是因为"恐惧"吗？

为什么说，我们人类需要恐惧症患者？

怎样应对突然的惊恐发作？

## 人类的恐惧从何而来？

上面介绍了那些形形色色的恐惧症，有些恐惧症的刺激源，与一些曾经对我们人类的原始祖先构成潜在威胁的事物和情境息息相关，比方说，动物、黑暗、高度和水。

而在我们科技发达的现代社会中，很大一部分的自然生物或者环境，已经在人类的掌控之中了：危险的动物被关进笼子里，高台或者悬崖边上都安装上了栏杆，我们还发明了救生圈等。如今，动物、黑暗、高度和水，这些因素，已经不像以往那样危险了。

那为什么，它们还会出现在我们的恐惧症中呢？

因为一点——"基因库"。

这些危险的记忆被基因记录下来，留存在了我们的集体潜意识中。

集体潜意识，又称为集体无意识，是心理学家荣格发明的精神分析心理学术语。是指人类祖先在进化的过程中，将集体经验沉淀下来，存储于人类精神的最底层，为人类所普遍拥有。但是我们一生也意识不到它的存在，且只有通过遗传才能获得。

这些巨大的恐惧，之所以能被遗传下来，是因为它们可以敦促人们避开危险的场合，从而帮助我们成功生存下来。可以说，人类的恐惧是先天的。在这个层面上来说，恐惧不仅不是危害，反而有益于我们的生活。

那么，事情是怎么发展到最后恐惧症却严重影响我们正常生活的地步呢？

人类的大脑中隐藏着怎样的关于恐惧的秘密？

# 第九章
## 与人打交道是对我生命的巨大损耗

### 被过度激活的杏仁核

恐惧之所以会发展成恐惧症,是因为我们的身体对此过度反应了。其关键在于,我们大脑中有一个重要的器官,它被过度激活了。这个器官就是——杏仁核。杏仁核是产生情绪、识别情绪和调节情绪的部位。当它被过度激活后会有什么后果?

我们做了一组这样的实验,给正常运作下的杏仁核和过度激活状态下的杏仁核的拥有者们看一组照片。发现,在杏仁核过度激活状态下,人们会更快更多地识别出照片中带有敌意和威胁性的面孔。也就是说,杏仁核过度激活后,人们会在一定程度上变成一个"受迫害狂"!

人们会觉得"总有刁民要害朕"。

在这种情况下,人更容易患上恐惧症,因为他们过度地认为周围充满了致命威胁。

这也算是恐惧症的第一个成因,就是大脑功能部位,如杏仁核的运转出现了异常,发生了故障所导致的。

### 聚光灯效应

聚光灯效应,顾名思义,就好比是,你假想自己正处在聚光灯下,以为自己是全场的焦点,不经意地把自己的问题放到无限大。有时当我们出丑时,总以为每个人都会非常关注,其实并不是这样的,没有人像你关注自己那样关注你。有的人或许当时会注意,可是事后马上就忘了。

所以，聚光灯效应也是在说，对别人而言，你没有自己想的那么重要，别总给自己加戏！

而对社交恐惧症患者来说，他们的聚光灯效应该是被放大到极致的。他们的自我关注力实在太强了！

比如说，当与别人交流时，社交恐惧症患者的重点不在交流的内容上，而是在其他一些令人啼笑皆非、无关紧要的事情上，比方说，自己的脸是不是红了？嘴有没有在发抖？手是这样放才对，还是那样放才对？如果我这些没做好，对方是不是一眼就看出来了，他们会怎么想我？会怎么看我？这是很严重的事。

然而，对他们的交流对象而言，可能所有的关注点都放在了对话内容上，即使发觉有这些问题，也一带而过，不会过多关注，更想象不到社交恐惧症患者内心有这么多的戏剧冲突与暗自挣扎。

所以导致社交恐惧症的另一个原因就是，患者病态地过度关注自己，将聚光灯效应无限放大。

## 社交恐惧症不仅仅因为"恐惧"

很多人以为社交恐惧症是因为恐惧才患上的，其实，并不是这么简单。社交恐惧几乎总会和其他负面情绪交织起来，而不是单一在产生作用。

恐惧通常处于这些负面情绪的中心：如果你在一次会议中等待轮到自己发言，你会在会议开始时感受到一种我们称为"焦虑"的前瞻性恐惧。然后，当人们叫你走上讲台时，你会感受到"恐惧"附体，它侵入

## 第九章
## 与人打交道是对我生命的巨大损耗

你的骨肉之中,沿着肌体上攀,使心跳加速,胃部和喉咙好像被人用力打了个死结,让你哭喊无门。

除了这种恐惧的感觉以外,还有很多致命的情绪在助纣为虐。比方说,羞耻!

恐惧是面对危险时的感受,而羞耻则是确信自己无法直面这种危险时,无法接受别人暗中批判的目光时的挫败感。

绝大多数社交恐惧症患者,都会对得到负面的评价而感到害怕。当这种害怕变得确定时,我们会更多地受到内在信念,而非外在现实的影响,这时候,在我们心中感受到的,就不再是恐惧,而是羞耻了。假设我有脸红恐惧症(没错,真的有这病)。我会害怕在别人面前脸红。可一旦脸真的红了,我就不再害怕了,事已至此,无力挽回。但是事情并没有变得更好,因为我会觉得羞耻,我只有一个想法,想找个洞钻进去。羞耻其实是一种比恐惧更具有毁灭性的情绪,它更持久,也更险恶,因为它会让人自惭形秽,自暴自弃。

正是它的存在,才迫使人在某次,至少是他自己觉得很耻辱的或者单纯出丑了的交际后,变得自我封闭,有时甚至是长期封闭。

除了羞耻感外,还有一种情绪的毒害性也非常大!那便是愤怒。

感到社交恐惧,意味着大量的克己行为,比如说:"我不敢,我不得不放弃,当交谈对象一提高声音,甚至挑一挑眉毛我就打退堂鼓。"有的社交恐惧症患者就表示:"我一无是处,甚至做不到不颤抖地看着卖报纸的人的眼睛,要求找零。"而这些大量的克己行为也会导致大量的挫败感,我们已经发现，很多社交恐惧症患者都会经常大发雷霆。他们将身边一切可沾染之人都当作自己的仇人，比方说：父母、亲人、朋友，跟他们说话的人，或者长时间看着他们的人……

这种大量的愤怒情绪的毒害，会扰乱他们已经被恐惧侵蚀的脆弱不堪的生活。而且，他们中很多人会"压抑"他们的愤怒，而不是通过恰当的方式发泄出来，这种压抑的愤怒对社交恐惧症患者的康复来说，更是雪上加霜。

### 人类需要恐惧症患者

我们人类这个物种需要一些成员是恐惧症患者，就如同生物多样性对人类来说是一种财富一样，这种心理的多样性也为人类增添了一层财富。

为什么这么说？

如果一个器官，或者人体的一项功能对人类而言不再有用了，它就会一点一点地衰退。因此，自从我们发明了衣服和暖气后，我们全身的毛发就没有原始人类那么浓密了。同样，我们的某些牙齿也变少了，甚至是消失了，颌骨也缩小了。这是因为比起原始人类，我们吃的食物，多为煮熟的，或者较柔软的，不需要大量地咀嚼来帮助消化。自从我们不再把自己悬挂在树上后，我们的尾巴也就消失了，只剩下一节小小的尾骨。

如果我们杜绝一切恐惧症，杜绝一切恐惧的感觉后，又会发生什么？

有一句话说得好："一个人越是脆弱，就越容易感到恐惧，这时的恐

第九章
与人打交道是对我生命的巨大损耗

惧就犹如他的保护罩，在面对潜在危险时显得十分珍贵，且必不可少。"

试想一下这种情形，假设地球由于气候原因而遍地都是毒蛇，但是人类没有恐惧感，或者说，没有对蛇的恐惧感，会发生什么？可以说用不了多久，无所畏惧的人类的尸体，便会布满整个大街小巷。如果这时，有那么一小群惧怕爬行动物的人存在，由于他们拥有极完善的危险探测系统，那么他们将是最终的幸存者，以及下一代人类的始祖。

这就是为什么我们需要把对蛇的恐惧保留在记忆中，为什么人类需要恐惧症患者。同时，也可以向深陷恐惧症的人们说明一件事，那便是，不要为自己身患恐惧症而感到罪恶，这并不是缺点，而是一种特点，是人类心理多样性的表现。只是，它们有时稍微失控了那么一点点，还需要我们适当地干预和调整。

## 怎样应对惊恐发作？

以下的应对方法不光对恐惧症患者来说很有帮助，对平常人，当你的情绪失控时，也可以用到这种方法，救助自己，让自己摆脱困境，冷静下来。

我们来看看具体是怎么做的，当你心跳强烈、呼吸困难、惊慌失措，产生濒死感时，你要做到以下几点——

不要让自己的呼吸失去控制，把注意力集中到呼吸的节奏上，尽量缓慢地深呼吸。

不要过度地换气，过度换气本身是为了在逃跑和战斗时给身体补充

155

氧气，同时，它也会促使焦虑症状的突发和恶化。

试着在一个纸袋子里呼气。重新构建体内氧气和二氧化碳之间的平衡，袋子中的二氧化碳会帮助你冷静下来。

告诉自己要放松，告诉自己是不会死的，死没那么容易。告诉自己不管惊恐发作多么令人痛苦，它也很快会过去的。

请人帮助你一起度过发作期，不要自己硬扛。打电话给你熟悉并信任的人，随便聊点什么都好，直到你回到平静世界，重新获得对自己的控制。

不要把自己关在家里，试图借此来避免惊恐再次发作。该来的总会来的，鼓足勇气面对，也要让关心你的人可以帮助到你。

如果你感到身体不适，那就去医院看医生，哪怕它是心理因素导致的。得到诊断也是一种安慰，比你自己胡思乱想来得强。

总而言之，当我们遇到任何情绪问题时，我们不要总想着自己该为它负什么责任，这并不是你的错。同时，也要不耻于向他人求助，人类是社会动物，我们需要彼此。

# 第十章
# 三位一体负面认知摧残大法
## ——其实你没能真的懂抑郁症

**HARDCORE PSYCHOLOGY**

我看到头在一旁飘浮，四肢像是被斩首的青蛙一样发蔫，身子是空的，脑浆——鲜血——额头那一块皮——两个眼珠子……浮在空中飘，各飘各的。过去我看不懂毕加索的画，现在我自己就是毕加索的一幅画。

以上是一位心理疾病患者发病时的自白。
如果不加提醒，你能猜出她患的是什么病吗？
有人会说，这么光怪陆离的幻觉，这么夸张的病情，那一定是精神分裂症之类的特别有戏剧性的心理疾病。然而，实际上，这位患者患上的，是我们通常以为的死板无趣的抑郁症。

这里，我就来跟大家聊一聊抑郁症。
或者确切点说，是绝大多数人都没能真正了解的——抑郁症。

# 第十章
## 三位一体负面认知摧残大法

不知道各位有没有爬过四川的峨眉山？

在峨眉山顶，有一处景点，名字很有禅意，叫舍身崖。一语成谶，舍身崖是中国自杀率最高的一个景点。它云雾缭绕，背后就是万丈深渊，深不见底，传说跳下去便可得道升仙。

在 2018 年 9 月的一天，一名年轻女子站在舍身崖悬崖边缘，她不顾周围大量游客的劝阻，说了一声"谢谢"之后，便纵身一跃，投身于无底黑暗。

这悲情性的一跳，再次将抑郁症这个心理疾病带回到了人们的视野中，因为女孩在遗书中写道，自己得了抑郁症，她说："很多人把这种病当成脆弱，想不开。我想说的是，我从来不是个脆弱的人。"女孩还呼吁："希望大家能多多关注抑郁症患者这个群体吧！"

这条新闻，在短时间内引起了大量的关注，但很快，就跟之前无数次出现过的，跟抑郁症有关的讯息一样，销声匿迹、石沉大海了。因为很多人表示，我已经用尽全力去关注，也只能关注到这儿了。抑郁症不就是心情不好，想不开吗，还能有什么？

在这里，我想为大家纠正一下对抑郁症最大的误解，同时，也揭露一下抑郁症那些鲜为人知的地方——

抑郁症到底是什么？
它何以常常将人逼入"非死不可"的境地？
当你身边的人因为抑郁症而自杀身亡，你是否能真正理解他的选择？

## 三位一体负面认知

抑郁症到底是什么？

有人说抑郁就是心情不好，再往深里说，就是悲伤、悲痛。这叫负面情绪。

这个答案也无可厚非，因为当你问及抑郁症患者"你感觉怎么样"时，他们的回答中，也经常出现如下的形容词：悲惨的、绝望的、郁闷的等等，确实是心情很不好的样子。

但是，大多数人不知道的是，跟抑郁症中的另一样东西比起来，负面情绪简直不值一提。这样东西就是——"三位一体负面认知摧残大法"。也就是说，在抑郁症中，这个三位一体的负面认知，才是最致命、最危险，也最具杀伤力的。

什么是三位一体负面认知呢？

三位一体负面认知，分别指的是抑郁症患者对世界、对自身、对未来的消极看法。

我们先来说对抑郁症患者对"世界"的看法——不管真实情况是怎么样的，抑郁症患者通通把他们与周围环境的互动，解释为挫败和被蔑视，被别人瞧不起。他们会认为自己的生活充满了各种负担、坎坷和伤痛。

抑郁症患者的抗挫败能力几乎为零。

面对遇到的任何障碍，抑郁者都会非常敏感。一点阻碍就被视作无

# 第十章
# 三位一体负面认知摧残大法

法逾越的天堑，被解释成完完全全的失败。

例如，有位女性抑郁者，暂时没找到她放在包里的笔，就有"我再也找不到了"的这种想法。虽然几秒钟后她就找到了，但她还是体验到了强烈的挫折感。任何问题都看似无法解决，任何在达到目标的过程中所遇到的耽搁都看似永无休止。

有一位男性抑郁者，发现自己的车胎漏气，虽然他自己就是一个熟练的机修工，但他满脑子却想着"我对这个轮胎无能为力"。由于这种挫败感，他最后选择了弃车而去。

除此之外，抑郁症患者还有难以抑制的被剥夺感。

抑郁症患者倾向于把琐碎小事视作重大损失。可以说是把小事化大，大事化成天塌一样。

比方说，在去见精神病医生的路上，一位抑郁症患者会认为在路上遇到的各种小事，都使自己蒙受了巨大的损失。

首先，当他在电梯前等了30秒，便会想"我这是在浪费宝贵的时间"。当他独自上了电梯后，他对于无人与他同坐电梯感到可惜，想"我损失了与人为伴的机会"。之后，当他发现还有其他更早预约的患者时，他又会感慨"还以为自己是个有排面的人，医生会重点对待我，原来他根本没把我当回事"。当他拿起一本杂志读到一半，这时轮到他看病了，不得不放下杂志，他又会产生"唉，我损失了一个读完这本杂志的机会"这样的想法。

这些琐碎的"被剥夺感"，像细蚁一样，蚕食着抑郁症患者的心，让他们心力交瘁，难以招架。

总的来说，他们是无时无刻不在感受着来自世界的"恶意"。

下面再来说"三位一体负面认知"中的，抑郁症患者对"自身"的看法——抑郁症患者认为自己毫无价值。

他们会疯狂地贬低自己。

抑郁者总会从别人的言语中解读出侮辱、嘲笑和轻蔑。他们常常将别人的中性评价看成对自己的否定。

例如，一位女抑郁症患者几乎把心理医生的每句话、每个面部表情，都当作对自己的责怪。甚至连医生的正常提问，她都看作在刁难她。而轮到她说话，医生聆听时，她同样会产生"他一定觉得我很烦人"，或者"他肯定觉得我很幼稚"这样消极的想法。

抑郁症患者还认为"什么都是我的错"。

他们特别喜欢将一切过错都揽到自己身上，认为全部都是自己的责任，并且会因此粗暴地虐待自己，惩罚自己，啪啪地抽自己。严重时，有一位患者甚至声称："我对这个世界上所有的暴力和苦难负责，无论做什么我都无法赎清自己的罪孽，我希望你们立刻把我拉出去吊死。"

抑郁症者就是这样，好像誓要将自己化身为"地狱不空，誓不成佛"的地藏菩萨，要在炼狱中救度罪苦众生。

然而现实情况是，他们并不是神仙，只是肉体凡胎，根本承受不了那些自己虚构出来的"罪孽"跟"苦难"。

抑郁症患者对"自身"的消极看法，最终会让他们到达一个"终极佛系"的境界。

那便是彻底的无欲无求，用我们心理学上的术语叫作"意向力丧失"！

# 第十章
## 三位一体负面认知摧残大法

"意向力丧失"，是说以前那些能让我们感到快乐的活动，现在通通变得索然无味，没有意义，也没有任何愉悦感可言，甚至会感到厌恶。对抑郁症患者来说，再也没有什么事情能带给他们满足感和成就感，可谓"万物皆空"。就连人类最根本的"生命元欲"——食与性，也无法再打动他们。

这还不算完，当意向力丧失到一定程度，抑郁症患者的身体行动将受到严重影响。比方说，我曾接触过一位抑郁症患者，她已经严重到什么地步呢？从床上坐起来，然后将一条腿挪到床边，再把另一条腿挪到床边，这样三个简单的动作都完成不了。往往是，一条腿放到床边，就再也进行不下去了，干脆又躺了回去。这就是很多人并不知道的抑郁症对人的残忍迫害，它会让人彻底地丧失生活自理能力。

最后再来说"三位一体负面认知"中的，抑郁症患者对"未来"的看法——对他们而言，未来就是没有未来！

抑郁症患者可谓极致的悲观主义者。

如果有一件事情，95%的部分是好的，只有5%的部分是不好的。那么他们则会毫不犹豫地舍弃占绝大多数的好的方面，满脑子只剩下那5%糟糕的东西，而且还翻来覆去地琢磨，完全被囚禁于其中。

所以说，抑郁症患者看待事情，总是想到最糟糕的一面。在他们眼中，未来是充满黑暗与绝望的，并且认为自己永远摆脱不了这种困扰，任何事情也都不会变好。他们经常会这样说："这已经是人生的尽头了，从此我只能变得更老更丑。""再也没有让我存在的意义了。""我知道自己再也不能恢复了，一切都结束了。"

抑郁症患者不仅对长远的未来是消极看待的，对短期之内的事情也一样绝望。

当患者一早醒来，便能"掐算"出今天遇到的所有事情，应该都是困难重重的。比如说，当抑郁症患者开车去赴一个约会，还没出门，他就会想象自己肯定会在路上转错了弯，或者迷了路；当抑郁症患者考虑给朋友打个电话，还没打出去，他就会想象，电话一定会占线，或者根本没有人接；在家里坐着，当有人敲门时，他们也会想，这该不会是谁来通知我一个巨大的噩耗吧？

对抑郁症患者来说，每一天，都将会是"丧气满满的一天"啊！

"三位一体负面认知"的内容也解释了第一个问题，抑郁症到底是什么？抑郁绝不仅仅是心情不好这么简单，更重要的是，它还有如此致命的负面认知的存在。

除此之外，就像文章一开头所说的，抑郁症患者也会产生幻觉和妄想。

很多人都以为，幻觉和妄想只是精神分裂症才会有的。其实，当抑郁症严重时，也会出现这种症状，而且这种症状又会反过来加深他们的抑郁，因为抑郁症患者妄想出的内容也很令人绝望。

比如，患者认为自己走入了一个无人的旷野，他说："我的身、心、魂、魄都散落迷失在死亡的幽谷中。旷野无边无涯、无日无月，我不在人间，我在旷野。有眼看不见，有耳听不见，有口不能言。我摸索着，爬行着。我触摸过死神的脸，那是一张俊朗的脸，光滑、结实、年轻，浮起微笑的唇纹……"

还有更严重的，很多抑郁症患者认为自己早就已经死亡。他们觉得

# 第十章
## 三位一体负面认知摧残大法

自己的器官丢了,内脏被人拿走了,"我的心、肝、肠都没有了,我什么都没有了,只剩下一具空壳"。

## 🦇 用"自杀"爱身边的人

无论是"三位一体负面认知",还是诡异的幻觉和妄想,这些都常常会将抑郁症患者逼到一个无路可退的境地,用其中一位患者的话来说就是:"严重抑郁带来的痛苦日复一日加剧,就像动脉中的血液一样贯穿全身。这种痛苦残酷无情、无法缓解,活着就如同在遭受凌迟,我找不到任何逃脱这种残酷生活的途径,除了……死亡!"

到这里,"抑郁症何以常常将人逼入'非死不可'的境地?"就已经有了答案。抑郁症患者几乎每天都在承受着来自生活中各个方面。各个细节上的大量痛苦压迫,他们会觉得窒息,无力招架,只想夺路而逃。所以,有史以来,自杀和抑郁就是这样紧密相关的。

但是大部分人并不能理解抑郁症患者为什么会自杀。大家都认为就算再难再痛苦,也应该想想家人、爱人和关心自己的人,自己的死会对他们造成多大打击。认为那些因抑郁而自杀的人都是自私的、软弱的、没有责任心,不顾别人死活的人!

然而,事实上,情况恰好相反。

抑郁症患者的自杀,一方面,确实也是痛苦难耐;而另一方面,其实是他们在用自己的方式"爱着"身边的人。

此话怎讲？

拿一位抑郁症患者举例，我们可以叫她小宋。

小宋是位女大学生。她小的时候，有一件事对她的影响很大。她爸爸的同事，一位她非常喜欢的叔叔，在一次执行飞行任务时英勇牺牲了。原本他是可以提前跳伞的，但是如果那样的话，飞机就会坠落在坐满人的小广场上。为了多数人的利益，他选择牺牲自己。

当小宋抑郁爆发到高峰的时候，她无法忍受这种痛苦。更多的，是无法容忍自己正在一点点地变成一个丧失自理能力、疯癫、惹人厌烦的累赘。她觉得自己不应该成为朋友和家人的沉重包袱。她在头脑中产生了一种固执的联系，认为就像小时候牺牲自己来挽救他人性命的飞行员叔叔一样，自己也能为家人、爱人、朋友做出牺牲，她可以卸掉他们身上的包袱，解决掉这个累赘，唯一的做法就是，选择自杀。

现在，可以说，关于抑郁症的最大的谜团揭开了——对抑郁症患者而言，自杀并不是对亲人的伤害，而是一种成全和解脱！

现在你可以理解抑郁症患者的选择了吗？因为理解了这个，才能更好地帮助他们解开心结，打消顾虑，有效地阻止自杀的发生。

## 第十一章
# 违背我们的意愿
### ——性侵

**HARDCORE PSYCHOLOGY**

几乎没有一位动物学家认为，动物会在自己的栖息地实施性侵。动物世界里的性，包括那些人类近亲——灵长类动物的性，被称为"交配"。它是一种周期性行为，由雌性动物发出生物信号而起。所以说，动物之间的交配，由雌性的求欢周期决定和控制。

当雌性动物进入周期性发情期时，便会发出明显的身体信号，表明它已经准备好并渴望交配，这时，雄性才对雌性产生性兴趣。换作平时，不感兴趣，就不会产生交配行为。

但人类却不然，人类一年365天，天天可以发生性行为，同时，性行为并不受制于女性的求欢周期。在人类世界里，女性不会"膨胀成粉红色"，人类对性的呼唤发生在头脑中，性行为本身与生殖模式并没有必然联系。由于缺少这种生物学规定的交配期，人类男性任何时候都可能对他中意的人类女性表示出"性趣"。他的心理冲动根本不管她是否有生理渴望，是否愿意配合，于是，人类便有了"强奸"这一独特的行为模式。

# 第十一章
## 违背我们的意愿

在这里，我们要聊的便是人类独有的这一种"罪恶病态"行为，来解决以下的问题——

强奸的原因是什么？是由暴力引发的，还是由性欲引发的呢？

为什么说有些强奸的原因就隐藏在我们生活中的点滴，比如影视作品之中？

关于强奸，这里面有什么误会？

还有，最后，从受害者角度讲讲，怎样应对强奸留下的创伤？

## 由暴力引起的性欲

首先我们从当事双方的不同角度来看一个强奸案例。

对受害者而言，她认为："从来没想过这种事会发生在我身上。"

受害者说：

"我第一次遇见他是在一次聚会上。他外貌不错，且笑容很好看，我想认识他，却不知如何开始，我不想表现得太主动。这时候，他走过来介绍了自己。我们聊得很投机，发现有很多共同点，我真的很喜欢他。当他邀请我到他家喝点什么的时候，我想这应该可以。他是一个很好的聆听者，我希望他以后继续约我出去。

"当我们到他家的时候，发现唯一能坐的地方就只有床了。我不想他误会我，就聊了一会儿，然后他向我靠近了，我很害怕。他把我推倒在床上，我试图坐起来并告诉他停止，但他实在太强壮了，我非常害怕并哭了起来。我最终妥协了，我被强奸了。我从来没想过这种事会发生在我身上。"

对施暴者而言，他认为："为什么她如此挣扎反抗？"

施暴者说：

"在聚会上，她给我的感觉很不错，她说话时一直笑着摸我的胳膊，看得出她喜欢上我了。当我请她去我那儿喝酒时，她答应了，我知道，我的机会来了。

"当我们到家时，我们坐在床上聊天。开始时一切都很美好。接着，我把她放倒在床上，她开始反抗说她并不想这样。我明白，大部分女人不希望自己看起来太随便，所以我知道她只是想表现成这样。当她大声哭泣时，我知道，在我们做爱之前她必须假装流几滴眼泪。

"我们结束后，她仍然很沮丧，这我就不明白了！"

案例就说到这儿，下面我们开始解决今天的第一个问题，也是很多对强奸事件关注的人心中最大的疑惑——强奸发生的原因到底是什么呢？

一提到强奸，顾名思义，有"强"，还有"奸"，于是很多人就会想：强奸与暴力和性欲脱不开关系。那强奸是由暴力引发的，还是由性欲引发的呢？

大多数强奸犯，跟正常男人一样，有正常的性唤起，他们可以在双方互相满足，并两相情愿的情况下，发生性关系。但是与正常男人又不一样的是，除此之外，有些强奸犯还会对暴力和攻击本身产生性冲动，也就是说，他们越是采用暴力手段强迫对方的时候，自己反而会越兴奋。还有很多强奸犯，是只能靠暴力手段来达到性兴奋，面对一般的性刺激，他们无动于衷。在某种层面上来说，这种强奸犯也算是一种性虐待狂。

所以，这里回答这个问题：强奸是由暴力引发的呢，还是由性欲引发的呢？实际上，强奸是由暴力引起的性欲而引发的。

这是从暴力和性欲的角度来分析强奸的原因，也是最常见的解释之一。

## 强奸发生的集体潜意识

强奸的发生，有很多潜在的动机。

这里呢，我不想过多地停留在比较普通的解释层面，而是想换一个切入点，从另一个独特的角度，来挖掘强奸背后更深层次的原因。

这个角度，就是我们的集体潜意识。在集体潜意识中，强奸的发生，是由两股力量糅合而成的。这两股力量分别是"男权主导的思想"和"女人被动与等待的地位"。

首先说，男权主导的思想。

在我们当今的人类社会中，一直萦绕或者鼓吹着一种"男权社会"的思想。其实，说实话，这个思想本身，恐怕是个不争的事实，就算在对女性尊重程度已经很高的北欧国家，对男女平等的呼吁和权利争取的斗争，也一分一秒没有停息过。在这里，我们的社会是否男权社会，男权社会的好与坏，不是我们讨论的重点，我们讨论的重点是，当社会中过度鼓吹男权思想后，会导致一种意想不到的局面发生。就是很多男性，会幼稚和错误地以为，所谓的胜利就是支配和贬低女性，他们寄希望于建立一种凌驾于女人之上的不可撼动的力量和权力，来从中得到无比满足的成就感和优越感。

由于这种对男性特权的过度自信，使这部分男人认为，在自己创造的二元对立中，一方干什么，相对的另一方就会"被干"，如果他们想强奸，另一方就会同意被强奸。所以在上面的案例中，强暴者不明白对方为什么会反抗，他认为他想去做的，另一方就会心甘情愿地接受。

再来说女人被动与等待的地位。

还是孩子的时候，我们就听说了这样的传闻：女孩会被强奸，男孩就不会有这样的遭遇（当然，同性强奸等特殊情况，暂不在我们这次的讨论范围内）。于是我们就得出这样一条清晰的信息：强奸与我们的性别有关。强奸对女人而言是恐怖的事，是楼梯尽头的那团黑暗，是角落里无法辨别的深渊，除非女性小心谨慎地走好每一步，否则那将是每个女性终极的噩梦。

强奸不知不觉地渗入我们生活的点滴。对女孩而言，作为受害者的无助，被潜移默化地灌入到某种认知之中。

比方说，在一次对著名电影导演希区柯克的专访中，当记者要求希区柯克描述一下自己选择电影女主角的标准时，他给出的答案包含了一个特质：脆弱！通常，我们对"脆弱"的定义是"易受伤，或对攻击没有防御力"。再进一步，可以说是"等待被拯救"。实际上，希区柯克道出了他大部分同行的想法。这一点可以从——《大力水手》每一集的任

# 第十一章
## 违背我们的意愿

务,就是水手要拯救他的女友;《超人》中的超人需要拯救地球兼女友;《蜘蛛侠》里的蜘蛛侠也需要营救他的女友;甚至连游戏《超级马里奥》里的设定,也是要马里奥救回被恶龙掠走的公主——这些"经典故事"里得到完美的证实!后来,偶有女性英雄的角色出现,也被称之为"惊喜"。何为惊喜?不就是少见和反"常规套路"吗?

好莱坞梦工厂的大师们选择了符合他们性幻想和价值观的女主角,而他们的性幻想和价值观的输出,其实对女性的真实生活有着重要意义——会指导周围人和女性自己,如何看待女性的性别角色。

这就是为什么说有些强奸的原因就隐藏在我们生活中的点滴中。女性的性别角色,在"主流"的价值观中,就是这样被定义的:被动、无助与等待。

但是,需要辨明重要的一点:女人的这种"被动与等待"的性别定义,不是说,女人在遇到强奸时不会反抗。而男人却会因此错误而荒谬地认为,女人在遇到强奸时不会反抗。

强奸犯内心深处认为:
所有的女人都想被强奸;
没有哪个女人是在违背自己意愿的情况下被强奸的;
她自己想被强奸;
女人会逆来顺受;
如果被强奸,最好放弃抵抗,放松地享受;

173

女人说"不",其实是在同意。

所以在一开始的案例中,强暴者不顾受害者的哭喊,认为她只是嘴上说不和需要假装流几滴眼泪。

以上两点社会集体潜意识,男权主动的思想和女人的被动与等待联手产生影响,在强奸犯的脑中种下错误的认知,最终导致他们违背了女人的意愿,向她们施暴。

## 关于强奸,你想错了

关于强奸有什么常见的误会?

误会一:有人认为,强奸的受害者都是年轻漂亮的女性,她们打扮时髦性感,因此才容易成为强奸犯下手的对象。

我们来看一个案例,来自一份受害者的证词——

本人今天67岁。那天,一个身穿绿色制服的年轻人跟着我进了我居住的公寓大楼的电梯。他向我询问一个房客的房号,我告诉他我不认识那个人。我问他:你是快递公司的吗?我有个包裹没到。他问了我的名字和房号,告诉我他会下楼到车上帮我查一下。几分钟后,门铃响了,我从门镜中看见那个年轻人拿了个包裹站到门外,于是我开了门。

他手里拿了个扳手,把我推到墙上,开始击打我的头部,

## 第十一章
## 违背我们的意愿

我后来缝了5针。他让我到床上去,扒了我的内衣,然后强奸我。之后我看着他翻了梳妆台的抽屉,拿了些首饰和钱。走之前,他警告我不许声张。

这个例子可以说明,任何女性都可能成为强奸受害者,包括年幼的、年长的,漂亮的和不那么漂亮的。而且,保守的生活方式之类的因素,也并不能使女性免遭强奸。所以有人就说,强奸通常是"被生态学束缚"的犯罪。就是说强奸这个行为跟环境因素有很大关系。强奸犯的个人喜好其实不重要,因为强奸是机会犯罪,而机会总是频繁地出现在熟悉的环境里,确切点说,是强奸犯熟悉的环境里。

误会二:强奸时乖乖顺从,不要反抗就能安然无恙。
那么顺从对受害者来说,有帮助吗?
答案是否定的。
一旦强奸犯露出狰狞面目,受害者即使勉强合作,不叫喊不挣扎,也不能保证安全。无论受害者想得多好,麻木地顺从或不抵抗政策,并不能使其免受其他伤害。

一个案例可以说明这一点。
1966年,芝加哥的8名实习护士,在凶手一个人一把刀的威胁下,顺从地将自己用床单绑起来,然后被一个一个带出房间。这次杀人案的唯一幸存者,一个23岁的姑娘,曾建议其他人一起逃跑,因为她们是有逃跑的机会的。但是其他人却反过来叫她不要害怕,不要有激怒凶手的举动，因为他只是强奸。

　　这位幸存的姑娘见劝说无望，一个翻身滚到床底藏起来了。兴头上的凶手忘了数人数，将其他姑娘一个个像待宰羔羊一样杀死了。第二天清晨，留下 8 具尸体，都是被刀捅死或被勒死的。

　　所以，怎样应对强奸，这是个值得思考的问题，绝不是反抗或者放弃反抗那么简单。受害者将面临一个靠智慧逃生的极大挑战。

　　受害女性在肉体创伤恢复后，还会遗留一定程度的情感创伤，她们可能会哭泣、会尖叫、会颤抖，也可能异常沉着，还可能会发出不合时宜的微笑，也可能大笑着讲述自己的经历。对于这种强奸后创伤，既没有统一的反应，也没有一致的恢复期。但是，每个受害者都几乎要经历相似的心理过程。就是我们接下来要讲的最后一个问题，从受害者角度讲讲，怎样应对强奸留下的创伤？当你了解了这些必经的心理过程，就能更好地应对强奸的创伤。

　　同时借着这个问题，也给有过类似遭遇的人打气，当你遭遇了性侵后，出现了某些很可怕的心理状态的时候，不要怕，要冷静，你要知道这些都是正常的心理反应。并且，你终将安然度过这些阶段，迎来生命的重建。

第十一章
违背我们的意愿

## 🦇 四个阶段重建受害者心灵

受害者应对强奸时的心路历程，分为四个心理阶段：

第一个阶段，叫预期阶段。

这一阶段发生在实际的强奸之前，当强奸犯"瞄准"一个受害者之后，受害者开始感觉到危险的存在时。在这个阶段的最初几分钟，受害者常常会使用心理防御机制，比如否认，来保持一种不会受到伤害的幻觉。通常的想法是，认为"这种事不可能真的发生在我身上"，或者"他并不是真的有那种企图"。

第二个阶段，冲击阶段。

这一阶段开始于受害者认识到她将要被强奸，到强奸完成后结束。

这个阶段受害者的反应，通常是感到巨大的恐惧，那种对自己生命造成威胁的恐惧。这种恐惧远比性行为本身要恐怖得多。这种恐惧会带来一种麻痹的效果，会让受害者身体的功能不同程度地瓦解，甚至失去行动能力，动弹不得。心理学研究表明，人们在体验到强烈的焦虑时，确实会进入身体不能动弹的状态。

第三个阶段，叫创伤后退缩阶段。

这个阶段在强奸结束后就马上开始了，并持续好几个月。受害者会出现两种情绪风格。其中一种受害者会通过哭喊、大叫和焦躁不安来表达自己的愤怒与恐惧。另一种风格的受害者看上去就像戴了面具，有一个平静、克制、自控的假象。不管是哪种风格，受害者内心都是痛苦不堪的。尤其是难以释怀和后悔，自己为什么不在受到强奸时多做反抗和努力。

但是我们也知道，她做不了什么，因为事件发生时，她受到心理冲击而使身体麻痹，在"创伤后应激障碍"那个章节里曾讲到，这是在受害者身上发生了无法避免的"强直静止"的现象。

这个阶段的受害者，恐怕是没有办法靠自己来消化这痛苦的侵蚀的。所以，这时，应该积极地、勇敢地向外界寻求帮助和支持，要求朋友和父母陪伴自己共渡难关。

最后一个阶段，叫重建阶段。

这个阶段，最难挨的时刻已经过去了，受害者开始自我恢复。这一阶段的一些行为表现也很典型——

比方说自我保护活动，更换自己的电话号码，或搬到一个新地方居住。

还有，强奸体验还是会反复侵入噩梦之中，但别担忧，这很常见，随着内心自我的重建，梦的内容会逐渐改变，直到彻底消失。

被强奸后会出现恐惧症，害怕独自一人、害怕人群、害怕被跟随，以及对性的恐惧。这也是这个阶段经常出现的状况。所以，还是那句话，不要惊慌，也不要独自苦苦支撑。要勇于跟他人分担自己的痛苦感受。让外界的爱与温暖，充满你那备受折磨的内心世界，靠这些正能量打败盘桓在你体内的那条恶龙。

第十二章

# 游走在天堂和地狱两极
——边缘型人格障碍

**HARDCORE PSYCHOLOGY**

说起"边缘型人格障碍",可能很多人没有想到,有一个非常有名的人,就是这个病的典型患者——玛丽莲·梦露。

可以说梦露的一生,包括她最终令人唏嘘的结局——红颜早逝,无不是在受着边缘型人格障碍的影响。在她那短暂的几次婚姻当中,第三任丈夫是这样描述她的:"当时的她在我眼中是一团绚丽的光,她浑身充满矛盾,像谜一样诱人。前一刻还像街头的一名悍妇,后一刻却又流露出诗人一般的敏感。"终其一生,玛丽莲·梦露都讨厌独处,害怕被抛弃。成年以后,她频繁出入精神病诊所,至少3次自杀未遂。1962年8月5日,她终因服用药物过量而香消玉殒。

为了让大家能够了解,边缘型人格障碍究竟是怎样一步步将如此著名的人物推向万劫不复的境地的,接下来,说一说下面几个问题——

## 第十二章
### 游走在天堂和地狱两极

**到底什么是边缘型人格障碍？它是如何危害患者的生活的？**

**边缘型人格障碍的成因是什么？**

**怎样判断你爱的人是否有边缘型人格障碍？**

**我们该怎样跟边缘型人格障碍患者相处，或者说如何帮助他们？**

## 🦇 "爱恨就在一瞬间"和"自残与自杀倾向"

虽然边缘型人格障碍并不像反社会人格障碍那样被人熟知，但患这个病的人可不在少数。而且从某种意义上来说，边缘型人格障碍是比反社会人格障碍要严重得多的一种心理疾病。

因为它直接毁掉了患者的社交圈，这对社会动物来说，影响是致命的。同时，边缘型人格障碍对身边的人，尤其是爱他们的人伤害也很大。

边缘型人格障碍患者有两个突出的特点："爱恨就在一瞬间"和"自残与自杀倾向"。

先说第一个特点，为什么说他们"爱恨就在一瞬间"。

如果我们仔细观察边缘型人格障碍患者的大脑，探寻他们的思维方式，我们会发现，他们生活在一个极端的世界中。对他们来说，事与人非黑即白，非好即坏，没有什么中间地带。我们大多数人会将对某人的正面感受和负面感受相结合，找到一个中间点。然而边缘型人格障碍患者无法调和这两个方面。

他们如果欣赏或者尊敬某人，就会将其捧到一个非比寻常的高度，远超过一般意义上的欣赏与尊敬，他们甚至想把星星摘给这个人。但是，下一秒钟，一旦他们对其感到失望，又会毫不留情、不假思索地从高处将其踢落。

这种两极性也体现在边缘型人格障碍患者的情绪上，前一秒钟，他们会因为一点事而感到兴高采烈，欢欢喜喜地跳着走出家门，下一秒钟，又会因其他一些鸡毛蒜皮的小事而崩溃地大哭着回来。情绪的大开大合，如疾风骤雨般猛烈鲜明，让一般人招架不住。

边缘型人格障碍的这种游走在天堂与地狱两极间的情感状态，会造成一个非常严重的问题，就是"不稳定的社会关系"。试想一下，如果你身边有这样一个前一分钟还对你浓情蜜意，夸你是他这辈子遇到的最好的人，下一秒钟，又因为你做的一点小事，就突然变脸，凶神恶煞，恨不得上来将你千刀万剐的人，恐怕你也是接受不了的吧？你大概会从此对这个人敬而远之。

有一位边缘型人格患者，在康复后的回忆中，是这样说的。

她说，自己当时与心理医生相处时，是一种分裂的状态。当医生表现出同情时，她觉得医生是最可爱的人，甚至把医生想象成自己的儿子。但当她觉得医生稍显疏远时，她的感觉天平便砰的一下指向另一个极端，她想着要报复和毁掉这个医生，于是她便报警说医生要非礼她，甚至强奸她。然后当医生又换回她认为的亲切模式时，这位患者又觉得医生像她的儿子了……然后这个过程周而复始。

边缘型人格障碍的这种在两个极端来回游走的状态，便是梦露前夫

## 第十二章
### 游走在天堂和地狱两极

所说的:"她浑身充满矛盾,像谜一样诱人。前一刻还像街头的一名悍妇,后一刻却又流露出诗人一般的敏感。"

这种冲突性很强的状态,潜在的危害非常大,它影响了边缘型人格障碍患者看待世界、看待自己、看待亲密关系的方式,也导致身边人对他们失去了信任和关爱。

边缘型人格障碍患者的下一个显著特点是:非常偏爱自残和自杀,发起火来连自己都不放过。

有一位边缘型人格障碍患者是这样描述他自残时的感受的——

> 我的人生,经常会走进黑暗地带。我常常感觉自己的人生被控制着无法逃脱,而自残是让我得到喘息的机会。自残的主要表现就是你有割伤自己身体部位的冲动,就我来说,我想切我的胳膊和腿。我记得自己小时候就很抑郁,在8岁时我第一次自残,我独自承受着这种痛苦,并没有人发现我的伤疤。但是即使在那么小的年纪,在疼痛后我却感到一种释然。有那么一小段时间,自残后的淡然,能让我面对外界所有的问题,享受那份自由。即使在今天,我仍然觉得有用这种方式安慰自己的必要。

对边缘型人格障碍患者来说,自残有程度之分,有的只是掐自己的皮肤,将自己的腿掐得青一块紫一块。有的会用剃刀在自己身上划口子,深到需要缝针。其他自残方法有诸如烧伤、烙伤、穿孔,甚至往自己的手臂上倒开水。自残成为一种强迫性行为，因为它在某种程度上有一些作用。压力越来越大的时候，便会通过伤害自己来缓解。

自残不是想死，自残的人只是想转移情感上的痛苦，想惩罚自己、麻木自己、缓解压力，想表达愤怒、诉说压力。而且划伤会令身体释放胺多酚，胺多酚是大脑中的一种化学物质，能使人感觉良好。同样，边缘型人格障碍患者的自杀也是如此，死亡就像一个逃离的幻想。企图自杀与自残的患者，他们并不是想死，而是无助急切地想要结束痛苦。

一位边缘型人格障碍的女患者是这样说的：

我的绝望感让我想毁灭自己，我总是越来越疯狂。如果我滥用药物，吃了两百颗药，还对生活不满，那么下次我会吃四百颗。我过去有一种难以抑制的、不理智的需求，我需要惩罚自己、毁灭自己。这就是我人生唯一的目的。空虚和寂寞很难忍受。

于是，为此，玛丽莲·梦露"频繁出入精神病诊所，至少3次自杀未遂"。

边缘型人格障碍患者除了这两点主要的特征以外，还有其他的一系列表现，比方说——

极度害怕被人抛弃。就像前面说的，终其一生，梦露都讨厌独处。

控制情绪和耐受挫折的能力非常差。

经常出现不计后果的冲动行为，情感爆发时可能会暴力攻击别人。

有冲动性的酗酒、挥霍、偷窃、滥用药物等行为。

# 第十二章
## 游走在天堂和地狱两极

### 🦇 大脑和外部环境的内外夹击

那么，边缘型人格障碍的成因是什么呢？

这个要从"里外夹击"的角度来分析，首先是内部，我们的大脑。

很多人一听心理学，就以为心理学差不多是跟心脏有啥关系，即使不是，那也离得不太远，认为心理学就是"走心"。然而在心理学上有一个重要的定义，叫作"心理是脑的机能"，是大脑在决定我们的思考、感受和行为方式。所以，心理学不是"走心"，是"走脑"。

大脑分为三个区域：大脑皮层、边缘系统、脑干。

每一个部分都有专门的分工：

大脑皮层，控制"思考"，智商测试针对的也就是大脑皮层，大脑皮层也是验尸时能看到的部分。

边缘系统，包括控制情绪的杏仁核，此部分掌管"感受"和"情绪"。

脑干，控制呼吸、消化、心率等。当某人"脑死亡"，脑干是唯一还在运行的部分。

下面，就从大脑的角度来说说，导致边缘型人格障碍的原因是什么？

首先说，大脑皮层。

一个世纪以前我们就知道，在人的个性形成发展的过程中，大脑起到了非常重要的作用。当时发生了一件事，一个直到今天，在心理学教材中仍然反复提到的经典案例。

有一个名叫菲尼亚斯·盖奇的铁路工人，遭遇了一场离奇的意外事故。他在填炸药的时候，火星意外点燃了炸药，炸药爆炸的巨大冲击力，让一根铁棒穿入了他的大脑，穿过了他的左脸，从头顶穿出。但是，他却奇迹般地活了下来，直到 13 年后才去世。

这场事故虽然没有要了盖奇的命，但是要了他的"灵魂"。

在这次事故之前，盖奇是一个情绪稳定的人，认识他的人都认为他聪明、精力充沛、开朗又乐观，是个很好相处的人。然而事故以后，盖奇却性情大变。他喜怒无常，脏话连篇，尖酸刻薄，且经常暴跳如雷。他的变化如此之大，他的朋友都认为他已经不是盖奇了。

为了搞懂盖奇的巨大变化，20 世纪 90 年代，有科学家使用了最先进的技术，以探明事故对大脑的影响，他们发现，铁棒破坏了盖奇的大脑皮层结构，让盖奇迷失了心志。

那么，导致边缘型人格障碍的大脑问题具体是什么呢？部分原因在于，人类大脑皮层发生了故障，也就是控制"思考"的部分出现了问题。这将导致他们不能恰当地对感觉输入加以分类，也不会按照正确的时间顺序来进行记忆，更没法将外部世界跟自己的认知匹配起来。其结果是，边缘型人格障碍者就会在短时间内变得喜怒无常、出尔反尔、行事乖张。小事情和无心的话语都会让他们感到不可思议，失去控制。

再来说大脑的边缘系统。

有一个叫作杏仁核的器官，位于大脑的边缘系统内，它可是情绪的"心脏"。尽管杏仁核只有一颗杏仁那么大，但作用非凡。

当某人正在经历某件事时，大脑其他部位负责客观地叙述事实。比如，一个参加同学会的人会想："高中同学会上，我见到了老同学老李。他的头发掉了，长胖了点。而且听说他老婆离开他了。"

# 第十二章
## 游走在天堂和地狱两极

此时，杏仁核则负责产生情绪。比方说，如果这个人曾是老李的朋友，那么看到老李窘迫的现状，他或许会心生同情；如果这个人之前就跟老李有过节，那么老李现在的窘状，则会让他幸灾乐祸，搞不好还会笑出声来！

如果边缘系统中的杏仁核出现了故障，会导致人情绪失控，想自杀、自残，突然暴怒，引发边缘型人格障碍。

除了内部大脑的影响因素外，还有一部分外部家庭环境的原因：

边缘型人格障碍患者，童年时基本都遭受过情绪极不稳定的父母的影响和虐待，导致他们人格分裂，无法将好与坏两极融合，无法对世界产生统一和综合的观念。从而，对世界缺少安全感，认为事情要么是十全十美，要么就是十恶不赦，没有其他选择。然而这两者都是不现实的，于是只好在这两极震荡中形成一种极其不稳定的人格——边缘型人格。

### 🦇 "最爱我的却伤我最深"

边缘型人格障碍的最大的问题，就是对身边的亲近之人造成伤害。而且，很多被伤害的人，还不知道究竟为什么会这样。只认为可能是两个人的感情出了问题，其实这里面，是边缘型人格障碍在搞鬼。那么这里，我就来说说，如何判断你的爱人是否有边缘型人格障碍。

注意以下这几个问题，回答"是"或者"否"。

他是否仅以两种方式来看待你：要不就是一个从未爱过他的可恨的

人，要不就是一个应该无条件爱他的人。

他是否在争吵理论时总不给你留退路，将你置于必败的境地？

是不是每次争吵到最后都是你的错？是不是频繁受到他的批评和责骂？

你们有没有一种情况，本来一切看起来都很平静，但不知为了什么，突然就陷入剑拔弩张的紧张局面中？

当他生气时，事态是否会升级为不择手段的恶毒攻击，让你无力招架？

你是否感觉自己被操控，不再相信他？

你是否开始感到有些不现实？长期与行事夸张的他相处，你也变得神经兮兮，开始疏远其他的朋友和家人？

如果以上问题大多数答案为"是"，那么你爱的人，很有可能患有边缘型人格障碍。

## "以不变应万变"

与身边的边缘型人格障碍患者打交道的诀窍，就是一句话，"以不变应万变"！

边缘型人格障碍患者的心情变化极快，对周围人的态度也是一天一个样。心情好的时候，你在他眼中会闪闪发光。可一旦碰上不顺心的事，情况便急转直下，他会怒气冲冲地朝你发泄。

因此，我们必须保证自己的态度稳定、淡定。无论边缘型人格障碍

# 第十二章
## 游走在天堂和地狱两极

者如何变,我们不变。

如果我们跟着他们的步子走,陪他们高兴,陪他们难过,陪他们一喜一怒,我们很快就会被他们"带跑偏"了。我们应该从冷静的视角看待问题,用平静的语言去抵消他们的情绪,淡定地应对他们的多变。同时,也要释放一个信号——你是有底线的人。要告诉患者,你的底线在哪儿,底线以上可以,以下就不行。这样以便让患者清楚,他们要想真正康复,要做的是改变自己。

有研究表明,针对边缘型人格障碍患者的追踪调查中,有半数患者在 10 年后摆脱了这种障碍。而这些患者的身边,正是那些淡定的人在陪伴。他们不会跟着患者的节奏走,也不会战战兢兢、小心翼翼地陪护,而是沉着镇定,静静守候。这样他们才能成为患者的心灵支柱,这才是真正的帮助。

第十三章

# 谁在操纵你？
——操纵与反操纵

**HARDCORE PSYCHOLOGY**

最早想聊操纵术这个话题，是因为看了一部美剧《血族》。剧中有一种传染病会让人变成血族，这种传染病靠虫子传播，如果虫子进入你的体内并且繁殖，你就没救了。而这些传播传染病的虫子，则来自一位邪恶的大 boss——血祖，就是血族的祖宗。

　　被感染而变成血族的人，会迅速变异成一个全身没有毛发的怪物，口中长出像青蛙舌头一样可来回伸缩的恐怖器官，用它来吸食人类血液为生。更重要的是，血族会像行尸走肉一般丧失自己的心志，没有自己的思想，一切全凭大 boss 血祖的意愿行事，像昆虫一样本能地服从命令。

　　其实在我们的现实生活中，也有"血祖"的存在，他们靠着某些操纵手段，像《血族》中传播传染病的虫子一样，来将他们的意愿强加于别人身上。被强加意愿的人，便成了被感染后的血族，丧失自己的意志，一切任由操纵者摆布。

# 第十三章
## 谁在操纵你？

所以接下来，我们来分别探讨以下问题——

**那些操纵者的操纵手段是什么？**
**如何判断谁是你身边的操纵者？**
**我们如何反操纵，对付各种各样的操纵者？**

### 凶险的操纵者

生活中，那些操纵者的操纵手段是什么？

跟美剧《血族》里，大 boss 感染其他人只要喷出一堆虫子相比，现实生活中的操纵者要想成功地操纵别人，用到的手段可就复杂和有技术含量多了。

下面我就为大家一一介绍这些手段。当你了解了这些操纵手段之后，你其实也在一定程度上明白了该如何反操纵。

第一种操纵手段，可以被称为"勺子杀人狂"。

《勺子杀人狂》来自一部电影的名字。这部电影讲的是：

有一位法医学家，某天晚上他走在大街上，突然被人从身后敲了一下后脑勺，他转过身准备发火，看见一个身穿黑色风衣，脸色煞白，画着奇怪熊猫眼，手拿一个大勺子的怪人，这个人就是勺子杀人狂。

在这之后，那个怪人就一直用勺子追打着这位法医学家，无论他在哪儿，不论在干什么，勺子杀人狂始终如影随形，在他身边用勺子慢慢地折磨他——一下接一下，不停地敲打他。最奇怪的是除了法医学家之外，其他人都看不见这个怪人。

一次袭击中，法医学家无意间看到怪人左手有一个印记，于是他凭借记忆画下印记，来到日本询问印记的由来。一个相貌恐怖的驱魔老婆婆称，印记为日文，意为"勺子"。该印记源于一种诅咒，中了该诅咒后就会受到每天20000次的勺子敲击，直到死亡为止。法医学家虽然不信命拼命反抗，但最终还是被日复一日的勺子敲击而死。

"勺子杀人狂"指的是操纵者对被操纵者进行持续打击！或者叫持续贬低，持续精神打压，让被操纵者觉得自己不行，一点一点瓦解他的内心，从而达到操纵的目的。

操纵者们会对别人不知疲倦地、重复地进行批评，虽然绝大多数时候那些都是无理的指责。然而，就是因为这些微不足道，并不存在的错误，被操纵者"开始怀疑人生"，内心的堡垒土崩瓦解。操纵者老是重复这样的话，"你就像你姐姐一样可怜（她姐姐死在了精神病院）""你真是自私""你留不住一个男人""你跟你爸妈一个德行""你是个丑女人""你向来一事无成"。

日复一日，这些话不断重复，循环播放，慢慢就对听者的自信产生了灾难性的打击。即使有其他人对他们赞赏有加，也不足以让他们重建自信。慢性打击，最为致命！

第二种操纵手段，叫作"罪该万死"。

11岁的女孩小萌，在她爷爷去世以后就连连做噩梦，每天晚上都无

## 第十三章
### 谁在操纵你？

法安睡，日渐枯槁。家里人特别着急，能想的办法都想了，甚至一度以为是不是在葬礼上冲撞了什么，连"驱魔作法"的神婆都请来了，但还是不见一丝好转。后来有人提议说，要不要去看一下心理医生，这才找出了幕后"黑手"。原来，在葬礼那天，小萌的姑姥姥不知出于什么目的，对她说了这么一句话：

"你爷爷是为了让你活着才死得这么早！"

这句话的杀伤力是毁灭性的。就是这么一句话，让小女孩充满了负疚感，感觉自己罪大恶极，是自己害死了爷爷。她的潜意识里就是这么认为的，所以，每个晚上，她都在痛苦里挣扎，在噩梦里赎罪。

让别人产生罪恶感，是操纵者使用的一种很常见的手法。他们把错误转嫁到别人身上，借此拷问、折磨对方的感情。

从本意上来说，罪恶感其实是一种很善良的情感——真正的恶人并不会有罪恶感。

罪恶感潜藏在内心深处，不易被发觉。但它会在心底引发可怕的暗潮，它能够破坏你不管是在社会上、家庭中，还是职场上，所有领域里的一切成功；它会阻挡我们看清身边的幸福，甚至还有最简单的快乐。因为罪恶感让我们的自我评价和自我认同下降了！

当一个人做出某种行为时，被悄然萌发的罪恶感不露痕迹地干扰，甚至围剿，就会激发焦虑的情绪，如果罪恶感出现得过于频繁，就会导致心理疾病。可以说，一些最为严重的心理疾病，都是由罪恶感引发的！

那操纵者又是怎样让别人产生罪恶感的呢？

他们有一张王牌，百试不爽，那就是"牺牲"。

比如，作为父母的操纵者不用任何技巧，只凭借着自己的"付出和牺牲"，就已经能使他们的孩子产生罪恶感——"我成天辛苦工作，不舍得吃不舍得穿，就是为了供你读书"，或者"我早就受够了这种生活了！我之所以还没跟你爸离婚，苦苦煎熬，还不都是因为你"。

第三种操纵手段，叫作"双重困境"。

举一个非常典型的例子来帮助各位理解什么是双重困境——

一个女人要求她的丈夫拼命工作，为家庭提供充足的经济来源，但另一方面又不停地抱怨，说他只顾着工作，都没什么时间陪她。

对丈夫来说，这就是一个双重困境：到底应该遵循哪一条信息？在以上两种情况中，他的妻子都不会满意。当丈夫问他的妻子自己究竟应该怎么做？妻子答：你要掌握这个度，自己悟！

双重困境，也可称为双重束缚，是指一种交流中的情感困境，其中的个体接收到两种或更多冲突的信息，信息之间互为悖论。这是一种无法获胜的情境，在这样的情境中，个体无法解决，或者逃出。

关于"双重困境"，再举一个例子。

在咖啡馆打工的小李诉说了他目前的困境：

上个周二的晚上，老板过来看小李。老板问他在晚上值班的时候有没有看到什么东西，因为咖啡馆的一扇窗户被涂鸦弄脏了。小李并不知情，因为他一直在吧台后面，不可能看见那扇窗户。想要看到那扇窗户，必须离开工作岗位走到大街上。后来小李去看了，确实，玻璃上都是涂鸦。

## 第十三章
## 谁在操纵你？

老板一再问小李，到底有没有注意到什么反常情况，他非常确定，就是小李值班的那晚玻璃被弄脏了。老板让小李以后盯着点，抓到那个画涂鸦的人。

小李觉得其中有诈！为什么这么说？因为老板上个月开除掉一个员工，理由是那个员工总是在晚上值班的时候擅自离岗，走到街上去。老板不允许店员在工作时离开店里，发现了就开除。所以小李现在面临双重困境——

A. 老实待在工作岗位。但这样的话，就不能抓到画涂鸦的人，满足不了老板的要求。

B. 离开工作岗位上街，可能就会抓到正在涂鸦的人，但也会面临老板的责骂和被开除的下场。

实际上，老板早就想跟一些人解除劳动合同，又不想赔偿，所以才想出了这种手段。

以上就是几种常见的操纵手段——反复打压，让对方有罪恶感和设置双重困境。

操纵者如此凶险，且现已四处蛰伏，准备伺机而动，不知道谁就是下一个受害者。如何才能在被操纵之前，就发现他们的存在呢？

如果满足以下10条特点，那么我们就可以判定他很可能就是一个操纵者！赶紧检测一下你身边是否正潜伏着这样的人？

请对号入座！

1. 懂得把自己摆在受害者的位置，为的是获取别人的同情。

2. 质疑他人的品德、能力和个性，有意无意地批评、贬低、评论他人。

3. 模糊不清地表达着自己的需求、欲望、感受或者观点。

4. 在谈话的过程中，突然生硬地转变话题。

5. 以亲情、友情、爱情等名义，觊觎他人之物。

6. 说谎。

7. 变相地威胁他人，或者光明正大地勒索敲诈。

8. 善变，根据不同的人或环境改变自己的观点、行为和情感。

9. 推卸自身责任，甚至把自己的责任推到他人身上。

10. 强调别人的无知，总表现得高人一等。

下面我就将它们结合到具体案例中，来说一下你身边的操纵者会是什么样子的。

有一天，还在上班的李女士接到了婆婆的一个电话，以下是对话原文，看看李女士的婆婆是怎样施展她的操纵术的——

李女士："妈，你找我有事？"

婆婆："是这么回事，我今天跟你阿姨（一个邻居）聊天，她家的儿媳妇生了二胎，是个男孩。"

李女士："真的啊，恭喜她了！"

婆婆："你今年多大了？"

李女士："我32了，妈。"

婆婆："她家媳妇也是32岁生了二胎呢。但是咱家情况跟人家不一样，女人生那么多孩子太辛苦，老得快！"

## 第十三章
### 谁在操纵你？

　　李女士："妈说得也对。"

　　婆婆："但是，人这一辈子得有一个儿子，要不将来有后悔的时候。"（模糊不清地表达着自己的需求、欲望、感受或者观点。）

　　李女士有点搞不清楚状况，问："妈你的意思是……？"

　　婆婆："你知道大妮（李女士老公的妹妹，李女士的小姑）的事吗？"（在谈话的过程中，突然生硬地转变话题。）

　　李女士："怎么了妈？我不知道啊。"

　　婆婆："你知道她谈了个对象的事吧？她现在怀孕了。"

　　李女士："这……"

　　婆婆："没结婚就怀孕了，但是现在对象又黄了！她要流产，我不让她流。"

　　李女士："那接下来打算怎么办？"

　　这时高潮来了。

　　婆婆："万一怀的是儿子呢？是儿子就过继给你，让你和你老公养着！"

　　李女士有如遭到晴天霹雳，难以置信："这怎么行？！"

　　婆婆："都是一家人啊，又不是别人的孩子，有什么不行？"

　　李女士气得够呛："可我这老大四岁半，老二才十个月，没法再养一个了。"

　　婆婆："可你那都是女娃啊！"

　　李女士："……"

　　婆婆："要不我在老家养着也行，但孩子将来上学结婚买房的钱得你跟你老公出！"（以亲情、友情、爱情等名义，觊觎他人之物。）

李女士浑身发抖："你儿子知道这事吗？"

婆婆："知道了，同意了，就你不同意。"（说谎。）

李女士："妈我再考虑一下……"

婆婆："我是为你好，我们家必须有一个男孩。没有是不行的，现在没有以后也得有！"（变相地威胁他人。）

挂了电话后，李女士赶紧给丈夫打电话，说了这事，丈夫说他知道了，但是他态度很坚决，不同意！

随后李女士又给婆婆打过去，问她为什么要撒谎？

婆婆立刻笑嘻嘻地说："我从头到尾都是在逗你的，你怎么还当真了！"（善变，根据不同的人或环境改变自己的观点、行为和情感。）

李女士："小打小闹就算了，这样的玩笑开不得。"

婆婆："老人跟你开玩笑就是开玩笑，不分大小，别当真，跟老人计较就是你的不对了啊！"（推卸自身责任，甚至把自己的责任推到他人身上。）

## 狭路相逢"麻木不仁者"胜

说完怎样识别操纵者，最后一个问题，我们该如何反操纵，对付各种各样的操纵者？

反操纵术，其实就是一种针对操纵者而设计的交流方式！用到的原理，简单点说就是狭路相逢"麻木不仁者"胜！

# 第十三章
## 谁在操纵你？

什么是麻木不仁？

心理学家在调查中偶然发现，有一些人天生就对操纵免疫。因为他们对那些攻击、批评、激将、威胁或者其他方式的病态贬低都没有感觉，对他们来说一切都是一样的，无所谓。

他们不是在书本中学到这些的，也不是由日积月累的经验造成的，而是在很小的时候就这样——他们有一套独特的与操纵者交流的方式。操纵者就像一个溺水的人，只有依靠打压别人才能生存下去，然而，他们根本无法打压那些对他们无动于衷的人。

要让操纵者觉得你并没有中了他们的诡计，这是相当重要的。不要让他们觉得你在回答之前还需要揣摩措辞。不要愤怒，也不要挑衅，不以为意又针锋相对是对他们最好的反驳。

最后我们举两个实战例子来看看如何做到反操纵。

实战一：

操纵者："我将一生都奉献给了你。"

反："你为我牺牲了什么？"

操纵者："听听！这还看不出来！你真是令我太失望了。我牺牲自己的时间和精力，专注在你的教育上，什么都给了你，不舍得吃，不舍得穿。"

反："说实话，这不就是一个母亲的职责吗？如果你不想带小孩，那就不要生。你为我不舍得吃穿，我谢谢你的付出。但你是个成年人，可以为自己的行为负责。如果你仅仅是为了回报而付出的话，恐怕结果难以得偿所愿。"

操纵者:"我只是想让你明白我为你付出了多少。"

反:"谢谢你的付出,但请为自己而活。别把你的付出变成我的枷锁。"

实战二:

一个朋友(操纵者)长期以来意志消沉。她经常在很晚的时候给别人打电话,根本就不考虑别人的生活。一天,你正准备出门看场电影的时候,她在电话那头揪着你不放。你该怎么做?

操纵者:"话说,你看不起我,嘲笑我的处境,是不是?你准备今晚一个人悄悄去看电影。"

反:"如果是嘲笑你就不会听你倾诉了那么多天。我也没看不起任何人,如果你执意这么曲解的话,那随你。还有,我可以按照自己的意愿生活。"

操纵者:"我要跟你绝交。"

反:"嗯。"

操纵者:"如果换作我的话,我绝对不会像你这样做。"

反:"你可以试试。"

操纵者:"我从来不会抛弃一个身处困难之中的朋友!"

反:"你今晚给我打电话,不过是拉我当听众,做你的垃圾桶。但是垃圾桶要去看电影了,你就说我不够朋友,无非是要让我产生内疚感。我确实产生内疚感了,但我觉得对不起的是我自己,因为电影马上就要开演了。抱歉,我现在没办法听你的电话。你找点其他乐子吧。"

反操纵就介绍到这儿,以上,就是操纵和反操纵的全部内容了。

## 第十四章
# 真的存在"盗梦空间"吗?
### ——神奇的催眠术

**HARDCORE PSYCHOLOGY**

在前面几章的内容中，经常提到在对某些患者的治疗时，用到了催眠疗法。实际上，催眠这项技术，已不仅限于心理治疗，它还可以被用到其他很多领域之中，比如说犯罪侦破、提高学习能力、提高运动表现等方面。

催眠术最大的特点就是能绕开"意识看守人"，直接进入人的无意识。有一句话说得好，所有心理问题，都是潜意识的问题。在心理疾病的治疗中，最大的障碍在于，患者理性上能接受的观念，在心理与行为上却不肯接受。也就是说，道理都懂，就是做不到。其深层原因，就在于无意识地抵抗。由于在催眠状态中能直接与无意识对话，许多问题就可迎刃而解。

在这里，我们系统地来聊一聊催眠术的前世今生，主要来解决以下问题——

# 第十四章
## 真的存在"盗梦空间"吗？

催眠师是用什么手段让人进入催眠状态的？哪些人容易被催眠？

催眠有几层深度？分别是什么？

进入催眠状态后，催眠师是怎样跟患者的潜意识进行交流的？又会出现什么状况？

怎么分辨催眠的真假？

举例说明催眠术是怎样神奇般地治愈人们的心理问题的？

## 凝视大法进入潜意识秘密领域

要想进入某个人的那片连他自己都未曾去过的潜意识秘密领域，就如同哈利·波特要想进入那个隐藏的魔法世界一样，需要一定的技巧和方法。哈利·波特可以穿过火车站的墙，而催眠师则可以动用他的"凝视大法"！

什么是凝视大法？来看一个案例。

一个催眠师，要求他的催眠对象，一个20岁的女孩，坐在靠窗的椅子上，明亮的光通过窗户照射进来。催眠师让女孩手握一个黄铜制的纽扣，告诉她凝视这个纽扣，盯着它别动。2到3分钟后，女孩的眼皮沉沉下垂，她徒劳地想要睁开眼睛，这时她仍听着催眠师的告诫，紧握着扣子，并且把手放在膝盖上。催眠师始终站在窗边，并且牢牢盯着他的这个病人，他向前走去，边走边以低沉温和的声音说："不要再试图睁开眼，你做不到的。你要休息，你会变得很安静，感到舒适，感到温暖。不要试着讲话，休息吧。"起初，女孩还试着睁眼，然后就变得安静。催眠师抬起她的手臂，手臂落回原处，他撑开女孩的眼睛，女孩的眼睛又闭上了。此时,她已经陷入了"另一个世界",进入催眠状态。

这种进入催眠的方法,就是凝视法。让某人直勾勾地盯着一个物体不动,再配合言语上的刺激,一段时间后,他便进入了催眠状态。

除了这个为大部分催眠师所用的方法外,还有放松法,心象法(就是通过想象实施催眠的方法,这需要被催眠的人有很好的想象力),还有互动式催眠法,等等。

和哈利·波特穿过火车站的墙就能轻松到达魔法世界不一样,事实上,没有哪一种催眠方法适用于所有情况。有些人可能对一种催眠方法无动于衷,而对他们使用其他方法的话,他们很快就会被催眠。有的催眠师就说过,他可以通过挥舞图案的方法催眠一个人,而采用固定的暗示,却对这个人无效。

而且,在实际的催眠操作中,要注意的东西多了去了,比如很多细节:要想让一个从未被催眠过的人成功地进入催眠状态的话,最重要的一点就是要保证他在目前的状态下感到非常舒服,而且还得保证他长时间在这个状态下仍然感到非常舒服。这就得要求被催眠的人坐的椅子的类型,他与房间内灯光的关系,他的腿、脚和手的姿势,全部都得合适!当他的头部有支撑物时,不要让他的头向后倾斜。在舒适的前提下,身体要成直角。周围的环境也得合适,不能打扰他。平时我们不会注意到的噪声,会起到比平时更大的干扰作用,因此要杜绝钟表表针的声音、轻微的开关门声、房内人的轻声低语等,因为所有这些都可能在关键时刻分散被催眠者的注意力。

如此看来,做什么事都不是看上去那么简单容易的,催眠更是个细

# 第十四章
## 真的存在"盗梦空间"吗？

致的技术活。

那么，哪些人容易被催眠呢？

很多人认为意志薄弱的人才容易被催眠，这种看法其实是错误的。意志薄弱的人，无法固定自己的注意力，总是心不在焉，无法集中精神，这种人反而很难被催眠。至少"凝视大法"在他们身上就不好用，你想啊，他们盯着盯着就走神了。

而且，一个人容易被催眠与否，不取决于他的意志力，而与他对催眠的感受性的强弱有关，感受性强的就容易被催眠，感受性弱的就不容易被催眠。这就是为什么士兵往往容易被催眠，他们的意志力绝不薄弱，但同时，他们的服从性很强，对催眠的感受性就强，就容易被催眠。

跟智力低的人相比，聪明人更容易被催眠。因为聪明人好奇心强，想象力丰富。那些经常做情节生动的白日梦的，容易沉浸于眼前或想象中的场景的人，也容易被催眠。依赖性强，经常寻求他人指点的人也容易被催眠。

### 多层催眠"地宫"

催眠后的世界，并不是一片坦途，说形象点，它更像是一个多层的地宫。越往下，代表着催眠的程度越深。

而且，并非所有的催眠治疗均需在非常深度的催眠状态下进行。高明的催眠师会将被催眠者带入最适合其治疗的催眠深度，而且会根据他的不同状态及时适当调整。

那么，催眠到底有几层深度呢？

这里介绍一种常见的划分方式：六层。

第一层：有点被催眠了，但是很轻微，当事人还不觉得自己被催眠，自认为完全清醒。但小的肌肉开始受到控制，例如上下眼皮打架这种情况，会在这一层出现。

第二层：更加放松了，大的肌肉开始可以被控制了，例如手臂僵直，心里絮絮叨叨的念头、跑来跑去的胡思乱想，会开始减弱。

第三层：可以完全控制所有的肌肉系统。例如：无法从椅子上站起来、无法走路、无法说出一个数字，但并不是忘了那个数字；可以局部止痛，因为痛觉部分丧失。

如果需要做催眠舞台表演，比如被催眠者整个身体像根木棍一样僵硬不动，或者下指令说：你可以动，可是走不出这个圆圈。被催眠者果然走到圆圈时，就无法跨越过去。

那么舞台催眠师，选择的催眠对象至少要达到这个层次，甚至更深才可以。

另外，大部分临床催眠治疗师的工作范围，大都在这三层以内。

第四层：开始产生记忆丧失，出现更多的催眠现象。被催眠者会真的接受指令而把数字、姓名、地址等忘掉。另外一个重点是，痛觉丧失的情况更严重，此时可以进行大部分的牙科治疗、外科小手术。被催眠者会感觉到好像有空气吹进伤口，但不觉得痛。

# 第十四章
## 真的存在"盗梦空间"吗？

第五层：开始梦游，出现完全麻醉现象，既不会觉得痛，也不会觉得被碰触，即痛觉与触觉都消失。会出现比较美好的幻觉，看见实际上不存在的人、事、物。

第六层：非常深的梦游状态，出现恐怖的幻觉，看不见实际上存在的人、事、物。

根据临床经验，大约有 20% 的人只能到达第一层、第二层的催眠深度，60% 的人可以到达第三层、第四层的催眠深度，另外 20% 的人可以到第五层、第六层的催眠深度。

## 催眠师的神秘"暗示"

催眠师是通过"暗示"这种方式来同被催眠者的潜意识进行交流的。这种暗示的方式，可以为被催眠者的潜意识营造出很多信以为真的幻觉。并通过这些幻觉，来改变自潜意识的内容，从而彻底解决被催眠者意识层面的心理问题。

在催眠过程中，被催眠者闭着眼睛的时候更容易感受到各种幻觉，即使闭着眼睛，他们也能看到物体和人，就好像在梦中一样。同时他们会认为自己的眼睛是睁开的，正如在梦中的我们以为自己的眼睛是睁开的一样。

我们来看看催眠师具体是怎样"暗示"被催眠者的？

催眠师可以用手敲桌子的声音，向被催眠者的潜意识表达一个讯息：

加农炮正在开火。催眠师还可以爆发出吼叫声，给被催眠者一个暗示：引擎正在发动。从这个角度来说，催眠师简直是一名口技演员。诸如此类，催眠师能凭一己之力，引起被催眠者其他感官通道的幻觉，比如说嗅觉幻觉、味觉幻觉和触觉幻觉。

催眠师可以让被催眠者把水，甚至是墨水当作酒喝下去，把洋葱当作苹果吃掉，把氨水当作花露水。并且，被催眠者的表情与由暗示引起的感觉配合得非常好，即使使用真的物体恐怕也只能够达到这种效果而已。催眠师告诉被催眠者他已经吸过鼻烟，被催眠者就会打喷嚏；告诉被催眠者他正站在冰面上，他就会立刻感到冷，会牙齿打战赶紧裹紧自己那不存在的大衣；通过假装在手中拿着一只鸟，就可以暗示被催眠者真的看到一只鸟。

暗示还可以同时影响几个感觉器官。当催眠师告诉一个人："这里有一朵玫瑰。"那么这个人不仅能看到玫瑰，还能嗅到玫瑰的味道，触摸到玫瑰花瓣的质感；当催眠师假装给被催眠者一杯酒，让他喝下去，被催眠者接过这个实际上不存在的杯子，将它举到嘴唇，在手和嘴唇间留出空间，好像那里真的有一个玻璃杯一样。通过这种暗示的方法，在催眠中，被催眠者甚至还能生出很多不存在的记忆。

以上这些，便是催眠师与被催眠者潜意识的交流情况。

## "圣洁"的催眠状态

当一个人真正进入催眠状态时，他会变得前所未有地"圣洁"，这种

# 第十四章
## 真的存在"盗梦空间"吗？

"圣洁"非常难以伪装。

被催眠者刚刚进入催眠状态时，他好像是在熙熙攘攘的车厢内昏昏欲睡，也像是因为疲惫而坐在办公桌旁休息。但当有人跟他说话时，他就会变得精神抖擞，虽然他的眼睛还是闭着的，但是他的表情会随着交谈的内容而变化，就像是他真能看到外界的事物一样。而且，他整个人的举止都变得十分优雅得体，就好像触发了一个控制点，让被催眠者体内另一个更高层次、更加优雅和高尚的人格在我们面前苏醒了。他在用人类灵魂最瑰丽也最纯洁的那一部分与你交谈，注视着你。

随着催眠的深入，在达到最高程度时，被催眠者往往会呈现出一种圣洁无瑕的表情，超过了无数伟大的艺术家所演绎的圣母玛利亚或者天使，这个表情可以当之无愧地被称为来自天堂的表情。尽管闭着双眼，但是被催眠者绽放出来的笑容，散发着来自天国般的圣洁炫目的光芒，甚至会让我们下意识地联想到自己也置身于鲜花的芬芳之中。

除了在催眠中，这种表情无他处可寻。通常来说，被催眠者在平常状态，与催眠状态下简直判若两人，似乎是两个不同的人格，又或者是同一人格的不同阶段，而他在催眠时所处的这个阶段，是人类所能达到的最高层次的阶段。

## "诚信"的潜意识

最后一个问题，举例说一下催眠术是怎样神奇般地治愈人们的心理问题的。

这个例子，是通过催眠来治疗烟瘾。

催眠师用到的方法是，通过向被催眠者暗示烟草的味道令人作呕，来让被催眠者逐渐失去对烟草的兴趣，或者暗示被催眠者烟草会缓慢地毒害他们的身体，如果被催眠者不戒烟的话，就会因吸烟而死亡。

于是，催眠师让一位需要戒烟的被催眠者进入催眠状态，并来到比较深的三层催眠深度以上，最好能达到梦游状态。这时催眠师让被催眠的人倒退回他早期的生活状态，倒退回他还没有形成烟瘾的阶段。这个时候，告诉他永远不许吸烟，永远不要做那些少年时期不应该做的事。催眠师向他暗示出烟草会给他带来巨大的伤害，并要求他承诺永远不会再碰烟草。

说来也挺有趣的，在平时生活中，我们可以随意许下承诺，也无所谓兑现不兑现。但在催眠状态下许下的承诺，却可谓是"一言九鼎"，极少会被打破。一旦被催眠者承诺了什么，那么他们就一定会遵守。看样子，跟意识比起来，潜意识更有诚信，更是说一不二。

在很多恶习的戒除过程中，"想象力"都是一个举足轻重的因素。有些被催眠者在突然戒除尼古丁之后，会产生剧烈的痛苦。这时，如果在催眠中暗示他们可以摆脱这个痛苦，让他们想象出摆脱痛苦后的轻松感，就真的能缓解他们的痛苦。于是，催眠师要在被催眠者进入深度催眠时，拉着他的手坚定地把重要的内容说三遍："当你清醒后，你不会再感受到疼痛和难受，你不再想吸烟，尼古丁的味道会让你感到难以忍受。"

这种通过催眠暗示来治疗烟瘾的效果，通常都非常理想。

第十五章

# 人世风灯，向死而生
——我们如何接纳生命中的遗憾与缺失

**HARDCORE PSYCHOLOGY**

已故的诗人张枣，曾经有一句诗，特别动听——"只要想起一生中后悔的事，梅花便落满了南山。"然而在现实生活中，悔恨却没有这么诗情画意。每一个体会过，或正深陷于后悔中的人应该都清楚这种滋味，它让人捶胸顿足、痛心疾首，更如钝刀子割肉一般让人生不如死，不得脱身。这一章节，我们来聊聊如何看待和接纳我们人生中的悔恨，以及同悔恨一样，人生中始终无法避免的一件事——失去。

要解决的问题有——

人生为什么不可能无悔？
怎样才能从悔恨中解脱？
人类的悲伤是怎么一回事？

## 第十五章
## 人世风灯，向死而生

**我们又如何接纳生命中的失去？**

### 🦇 你只能拥有不可能无悔的人生

有一句经典的电影台词是这么说的："人生若无悔，那该多无趣啊。"其实在现实情况中，人生不会让你失望的，也不会让你无趣的，因为我们人类不可能无悔。

为什么呢？

这里有一个心理学上的术语，叫作"后视偏差"。我们可以把它理解成"事后诸葛亮"。

在日常生活中，事情发生之前我们往往不会想到这件事情会发生，然而事后我们看出了导致事件发生的力量，又认为它是不可避免的。也就是说，我们往往在事情失败后才解释为什么失败，在箭射出以后才画出靶心。所以我们自己经常说的一句话就是："我当时就觉得不对劲。"或者，"我一早就看出来了"。

然而，你并没有当时就觉得不对劲，也没有一早就看出来，要不然事情就不会发生，你只是自以为其实一早就发觉了真相。这个就是"后视偏差"。

比如，如果让一些人预测一场足球比赛谁将获胜，大家猜测 A 队获胜的概率很高，结果 B 队获胜了，事后让大家回忆自己当初估计哪个队获胜，很多人认为自己当初就判断 B 队能获胜。事件发生前后，人们的判断不一致。

这种"早就知道"的后视偏差的属性是我们人类的出厂设置，也是我们与生俱来的本能倾向性，这也就为我们日后不可避免的悔恨，奠定了宿命的基调。

那么后视偏差又是怎样造成人类的悔恨的呢？

有关后视偏差的实验证明，一旦我们知道了结果，我们的思维便再也不能恢复到以前的状态了。就像有些人在讲课或者传授知识时，常常错误地假定，他们清楚的事情，别人也会清楚。"都已经讲得这么明白了，还是不懂吗？"因为这些传授知识的人，全然忘记了，也回不去自己不知道这个知识时的状态，他自然体会不到那些不了解这个知识的人接受起来的难度。

这在心理学上，又叫作"知识的诅咒"，当你知道某件事后，便很难在思维中模拟你不知道时的状态。因此我们很容易责备自己的过去、爱过的人、参与过的事、下过的决心等，认为自己本应该能做得更好！我们忘记了来时的路，忘记初衷，甚至觉得之前都是错的。这便是我们人类后悔的源泉。

### 其实无论怎么选，都可能是错的！

我们怎样才能从后悔中解脱，取决于我们如何看待后悔。

我们要知道一件事，那便是无论怎么选，都可能是错的！

为什么这么说？

## 第十五章
## 人世风灯，向死而生

打个比方——

你要去另外一座城市参加一个重要会议。你有两个选择：开车或者乘火车。想象一下，你最好的朋友就住在两座城市之间，你已经有一年没有见过他了。因此，你觉得如果自己开车的话，去找朋友聚会也容易些，还可以在他那儿住上一晚。而且这样想，你便在很大程度上接受了油费和过路费的开销，于是你决定开车去。

然而，两天后，你的朋友打电话跟你说要取消见面，因为你去的那几天，他刚好要出差到别的地方。因此，你重新开始思考你的乘车计划，此时你认为搭乘火车会更快速、更安全、更经济。就这样，你又决定乘坐火车去开会。

不幸的是，火车开到一半的时候就停了。因为前方有山体滑坡，火车被滞留在原地3个多小时。已经可以确定的是，你错过了那个重要的会议。就在这个时候，你心中有个声音说：我太蠢了！我就不应该乘火车，我应该像我当初想的那样选择自己开车！

在你继续自责前，请想想以下问题——

1. 我怎样才能知道哪一个是正确的选择呢？
2. 是什么事情让我觉得我做出了一个糟糕的决定？
3. 这件事情是发生在我做决定之前还是之后？
4. 我是不是能预料到这件事情？
5. 我有能力预知未来吗？或者我有能力控制他人以及外界的事情吗？

仔细分析这几个问题，可以帮助你有效地摆脱你的后悔和懊恼。

我们怎样才能知道哪一个是正确的选择呢？直到事情进行到最后一秒之前，我们都没办法知道什么才是正确的选择。

是什么事情让我们觉得我们做出了一个糟糕的决定？在刚才的例子中，你做过两次选择（开车或者坐火车），每一次选择都是根据你当时掌握的信息才做出的。

我们是不是能预料到这件事情？当然不能。我们有能力预知未来吗？当然也不能！

所以，你会发现，无论怎么选择都可能是错的，或者从另一个层面上来说，无论怎么选都可能是对的。因为你只能依据当前的信息做判断，而绝不可能依据未来的信息做决定！未来是未知的，我们只是做了当时当日情况下最优的选择，我们怎么能拿起碗吃饭，放下碗骂娘，仅仅是因为结果不尽如人意，就责备起当时已经竭尽全力做出最佳选择的自己呢？那时的你是无辜的，你之所以改变选择，也是因为掌握的信息发生了变化。

而且，人生本来就是充满悔恨和遗憾的，这是人生的自然属性，也是常态。我们在了解悔恨的心理学真相之后，也要试着学会"万悔穿心，习惯就好"。

我们又如何接纳生命中的失去？

回答这个问题，我们要先了解一件事，那就是人类的悲伤。因为悲伤是我们在遭遇失去时要面对的最大的敌人。了解了人类悲伤的运作原

第十五章
人世风灯，向死而生

理，也就同时明白了该如何接纳我们生命中的失去。

## 人类的悲伤是怎么一回事？

有一句话，叫"悲伤逆流成河"。这本来是随意地形容一下，但没想到还真让它给说着了！悲伤确实是一条河，更确切点说，悲伤是流动的、变化的，是一个过程。而不是我们通常以为的凝结在心中的一块化不开的淤血。

悲伤，这个遭遇重大创伤时产生的情绪，实际上是分为五个阶段的。今天在这里，我们就一起一个猛子扎进这条河中，来亲历悲伤的过程。

悲伤的第一个阶段，是"否定"。

所谓否定心态，并不是说你不知道事情已经发生，而是说比如亲人去世，而你不承认。当你回到家时，仍然觉得亲人随时会走进来，或者只是暂时出差不在家。

我们看一个例子——

妻子莎莎早已习惯丈夫小马经常出差，小马因工作关系，常常要去世界各地。这次，小马出差后，莎莎没有准时接到他的报备电话，本来莎莎没有当回事，因为这种情况以前也不是没有过，直到两天后丈夫同事的一个电话，彻底颠覆了她的生活。同事在电话中艰难地道出一个消息：小马在出差途中，出车祸丧生了。莎莎无法相信她所听到的，挂断电话以后立刻有一个想法：刚刚是在做梦吗？一定是弄错了。接下来数日，莎莎忙着办丧事，其间仍不停地说："这是不可能的，等尸体运回来就能确定不是他了。"葬礼前一晚，莎莎终于看到她挚爱的丈夫的遗体，她仔细端详着他的脸，认为这只是一个很像小马的人，直到看到丈夫手上的婚戒后，便再也没有疑问了。

悲伤的第一个阶段是帮助你不被伤痛击倒。这个时期你会觉得世界已经没有意义，而且让人无法承受，生命失去了目的。你处于震惊与否定状态，对很多事感到麻木。你怀疑自己是否还能活下去，即使可以，又为什么要活下去。你只是过一天算一天。"否定"这时能帮助你度过最困难的时期，调整悲伤的感觉。甚至可以说，"否定"是一种恩典，因为上天通过这个方式，让你每次只感受到你能承受的悲伤。

第二个阶段，是"愤怒"。

这个阶段你会出现种种愤怒，合理的，不合理的，都有。你会因离世的亲人没有好好照顾自己而愤怒，或者你会因没有好好照顾他而愤怒；你会为自己怎么没有预料到事情会发生而愤怒，或者虽然预料到，但无法阻止而愤怒；你气医生为什么无法救活对你来说这么重要的人；气这么悲惨的事情，怎么会发生在对你如此珍贵的人身上。

还是莎莎的例子，在丈夫出事前，她一直相信祷告的力量。可是丈夫出事后，她再也不想做任何祷告，因为她的祷告没有获得回应。她愤怒地跟朋友说："我再也不会祷告了！与其一个人在这里受苦，我宁可跟着我老公一起走！"

## 第十五章
## 人世风灯，向死而生

你可以尽可能地气个不停，发泄愤怒，但是你必须记住很重要的一点，只有当感受到足够的安全感，直到你经得起未来的一切时，愤怒才会浮现。也就是说，会愤怒说明你其实已经顺利度过悲伤的第一阶段，愤怒是你开始慢慢好转和恢复的标志。

悲伤的第三个阶段，是"讨价还价"。

在失去亲人之前，你祈求上天，只要不让亲人死去，你愿意做任何事。你和上天讨价还价："求求你，老天，只要你让我的妈妈活下去，我再也不对她发脾气了。"而当失去亲人之后，讨价还价的形式变成暂时求和："如果我将余生用来助人，是不是醒来就会发现一切只是一场噩梦？"

对莎莎而言，丈夫去世后的相当长的一段日子里，她每天临睡前都在"讨价还价"："求上天让我一觉醒来发现这是一场梦，只要让他回来，我愿意做任何事。"接下来几分钟，她幻想醒来时丈夫小马就在旁边，告诉她一切只是一场噩梦。

在"讨价还价"阶段里，你迷失在"悔不当初"，或者"假设当时"的迷雾里。你要人生回到从前，你要亲人回到身边，你要时间倒转，让你早一些发现问题，阻止意外的发生……如果当初如何如何该有多好。

后悔总是伴随着讨价还价而生。许多"假设"让你不断自责、懊悔没有做你认为该做的事。但是看过了刚才我们讲过的后悔那部分内容，应该知道，现在是后视偏差在作祟，而你，已经做了当时你能做的一切了。

讨价还价这个状态会出现，自有它的目的。讨价还价会帮助你从一种失落的状态进入另一种状态，或是发挥中间站的作用，让心灵有时间慢慢调适。也许你为了逃避痛苦，宁可让内心留下一个空洞，而讨价还价有助于填补这个空洞，让你相信，有一天可以在混乱中重建秩序。

第四个阶段，是"沮丧"。

经过讨价还价的阶段，你的注意力会直接转移到现实中。空虚感不请自来，你从来没想到会陷入如此深沉的悲伤中，沮丧的阶段让人觉得仿佛没有尽头。但你一定要明白，沮丧并非精神疾病的症状，而是面对巨大伤痛的正常反应，你会变得退缩，陷入浓得化不开的哀伤中，甚至怀疑是否应该独自活下去，活下去是否还有意义。

就像处于这个阶段的莎莎所言，她说："丈夫死后，那种沮丧感让我觉得自己像是一次又一次被人用力击倒，根本不想爬起来。"

但是，正是这看似最悲痛最无法拯救的阶段，也是心理能量正大量积蓄的时候。就像心理咨询治疗中很经典的格言说的："当你绝望到无以复加时，正是转机即将到来之际。沮丧固然痛苦，但最凶猛的烈火中，自然能产生巨大的能量。沮丧会让你放慢脚步，好好反省自己失去了什么，又同时得到了什么。"

悲伤的最后一个阶段，是"接受"。

我们终于接受"失去"这个事实，接受这是永远无法改变的事实。我们也学会如何继续走下去，如何适应新的生活状态。在丈夫去世一年之后，莎莎终于一点一点地接受现实，明白自己的世界已永远改变，她做出了很多调整，来重新整合没有小马的人生。

## 第十五章
## 人世风灯，向死而生

　　人类悲伤的这五个阶段——否定、愤怒、讨价还价、沮丧和接受，并非呈线性发展，你可能从一个阶段进入下一个阶段，然后又回到前一个阶段，循环往复。这是悲伤的厉害之处，但只要你了解了它的真相，它就不会阻挠和影响你往越来越好的方向恢复。

　　我们如何接纳生命中的失去，就在于我们如何蹚过这条悲伤的河。它常常来势汹汹，始料未及，但唯一能征服它，也救赎自己的办法，就是勇敢地跳入其中，面对它、适应它、度过它。

　　在遭遇失去时，我们不要否定自己的感觉，反而应该倾听内心的需求，继续往前走，继续改变与成长。最终，我们会从另一个角度看待失去，并把亲人留在记忆里，悼念他们的离去，更加用心真诚地对待重建的人生，对待自己，对待爱。

## 第十六章
# 就算我跑得再快，也无法摆脱这样的命运
### ——如何摆脱丧，得到幸福？

**HARDCORE PSYCHOLOGY**

现在有个流行说法，大家应该不会陌生，就是"丧"。

丧这种体验，可能我们每个人都再熟悉不过了，我有好多朋友最近都跟我抱怨说，觉得活得特别没劲，很绝望，很悲观。说生活中其实也没有摊上什么大事，发生什么滔天大祸，那为什么自己却总感到焦虑，感到不快乐，甚至危机四伏？

有人听到这里会想，你说的这个问题，答案很简单，我之所以会丧，会焦虑，不就是因为挣得太少，房子太小，或者根本就买不起房子？！

这种解释，只能算是停留在肤浅的层面上，也是很多人搞不清自己为什么会焦虑的原因之一。进一步说，挣钱又是为了什么呢？买房子又为了什么？

我们现代人为什么会丧，为什么会焦虑？其背后的心理学深层次原因到底是什么？

## 第十六章
### 就算我跑得再快，也无法摆脱这样的命运

其实包括我自己在内，也经常出现这种情况。在生活中，会有莫名的恐慌感和危机感。觉得自己年龄越大，就活得越沉重，举步维艰。

那么归根结底的原因是什么呢？是你没有"跟上节奏"。

我们人从一出生到死亡，这是一个发展的过程。

心理学上将人的一生，划分成了几个阶段，每个阶段都有需要完成的任务。

这种"任务"，就如同飞蛾扑火，植物向阳生长一样，是一种无法抗拒的本能。也就是说，我们每个人降生到世间其实都是带着使命来的，但是绝大多数人并不知道这个。

你以为你可以两手空空而来，然后什么也不用干，便可以轻松地过完一生？不会那么轻易放过你的。

提出这个说法的，是美国的一位著名的发展心理学家和精神分析学家，叫埃里克森。

他本人的人生经历也是一个传奇，他只接受了高中水平的教育，后来却成功地担任了哈佛大学的教授。而且，更重要的是，他的理论在学术界有相当深远的影响。

打个比方，从你刚刚出生，到3岁的时候，这个阶段你在婴儿期。

那么你要完成的任务是什么呢？就是吃好喝好睡好，感受到周围人对你的关爱，获得安全感。那么你的任务就完成了。

接着，可能3岁到6岁是一个时期，然后在这个阶段内，你也有需要完成的任务。

## 🦇 这两个人生阶段最容易感到"丧"

这里我想着重说两个阶段,就是我们现代人最容易"丧"的年龄阶段。

第一个阶段是,18岁到25岁。这个阶段人生的任务是什么呢?

是获得亲密感,避免孤独感。渴望爱情和归属感的实现。

回想一下,你在这个年龄段主要都做了什么事?

无外乎两大件:谈恋爱和找工作。

这个很好理解。18岁到25岁这个阶段,可能我们刚毕业,正准备进入社会。有的人可能还在读书,打算进入更高一等的学府深造。在这个时期,我们往往开始渴望得到一份爱情,找到一个称心如意的人,体会着一种情感上的最高级的互动。

无论是谈恋爱,还是找工作,继续深造,你做的所有这些事,其终极目的,就是让你获得亲密感,得到某个人、某个组织机构或社会的认可,获得一种归属感。谈恋爱和找工作是你跟社会达成一种联系的方式。

如果在这个时候,你没能顺利地得到爱情,情路一直很坎坷,再者,你没有找到一份理想的工作,这工作跟你在学生时代构想的不一样,等等,那么你就没有完成这个阶段的任务,你就会深陷于孤独,自然也就会丧。

下一个阶段,是25岁到50岁。这个阶段人生的任务是什么呢?

是获得繁殖感,避免停滞感。

为什么要获得繁殖感?

## 第十六章
### 就算我跑得再快，也无法摆脱这样的命运

人到了这个年纪，身体的各项机能开始走下坡路。即使表面上看不出来，其实你自己是心知肚明的。比如说，会慢慢开始出现白发，会感到熬通宵再也不是信手拈来的事。你会开始怀念青春，然后，在潜意识中逐渐形成对死亡的觉知。

这个也很好理解，从理论上来说，你活得越久，确实就离死亡越近。

所谓"中年危机"和"迟暮感"，就出现在这个阶段。

获得繁殖感，便能让你与衰老带来的恐惧抗衡。

那么我们怎么获得繁殖感？

这个阶段，大部分人已经成家了，然后有了自己的后代。在养育后代的过程中，便将自己对衰老的恐惧，代谢掉了。但是这里面的繁殖感，不一定是非得有自己的孩子，如果你有一份愿意为之奋斗的事业，或者其他有奔头的事可做，也能分散和转移你对年龄的恐慌，也可以避免停滞感。

其实到了这个年龄阶段，人生中的很多事情，已经开始尘埃落定。事业、家庭，方方面面，基本上都来到了一个平台期。这时你会领悟一件事，那便是李安导演的电影中经常贯穿始终的一条东方哲学：人生的选择，其实是别无选择。

你年少时曾梦想自己将来会成为一个什么样的人，会做出多么了不起的事，但现在发现，自己其实也不过如此。你可能做了很多努力，但是只能帮助你从一个小茄子长成一个大茄子，却始终变不成一个西瓜，无法达到质变。按我们的说法是，受到了阶级的桎梏。

处在人生这个阶段，不进就是退，即使你还中规中矩地维持着生活，

其实也相当于在退步，因为你的躯体在一天天变老，相应地，它带来的心理上的影响，也会如期而至。如果这时你没有及时获得繁殖感，你就没有东西去与这些力量抗衡。

如果在这个阶段，你没能成功走进婚姻——走进婚姻也不是件易事，我们都懂得，首先得有房子，得有稳定的工作和经济基础。而在大城市里买房，本身就绝非易事，现在说比登天还难，也一点不夸张。一开始有人说，是买不了房让你焦虑，实际上，是买不了房导致你没能完成获得繁殖感的人生任务，才让你焦虑。如果说，这个时候，没有房子就可以结婚，那么房子的因素，就不再是你焦虑的核心。

再或者，没能成功繁育下一代，婚姻不幸福，事业也没有起色和发展，那么你就没有完成获得繁殖感的任务，你将会被令人窒息的停滞感包围。你就必然会丧，会焦虑，会危机四伏。

以上就是我们现代人"丧"和焦虑的深层次原因之一。

## 其实你无法得到内心永远的宁静

那么，如果这些人生任务都顺利完成了，有的人婚姻也幸福，事业也成功，娃也优秀，就是别人口中的人生赢家，在这种情况下，人就不丧了吗？就能得到永远的幸福？不可能！

只能说，这种情况下会丧得轻一点，但要想永远得到内心的宁静，就如同人类在追求永生一样，那是不存在的！

## 第十六章
### 就算我跑得再快，也无法摆脱这样的命运

为什么呢？

这个问题我要用一种宗教的说法来解释，因为心理学本身与宗教就有扯不开的关系。

很多人可能不知道，心理学的起源是来自哲学。也就是说，之前并没有一个叫作心理学的学科存在，直到一件事情的发生，那就是，在1879年的时候，德国心理学家冯特，他在德国莱比锡大学，创建了世界上第一个心理学实验室，用物理数学的方式，将心理学量化，从此，心理学才作为一门独立的自然科学诞生。所以可以说心理学的原型，是哲学加理学。这也正好契合了心理学这个名字的由来。

现在说回来，为什么人无法达到内心永远的宁静？为什么总会焦虑？

释迦牟尼早在"四圣谛"中的第一谛中就开示我们了。这第一圣谛是一句大家都非常熟悉的话，叫：众生皆苦！

身心的痛苦是苦，求而不得是苦，与讨厌的人在一起是苦，与所爱的人分离是苦。

其实，这"苦"字还有更深层次的一层含义，指的是：无休无止的欲望！

正是因为人有无穷无尽的欲望，才有无边无际的痛苦，人永远无法满足，也就永远无法达到内心的宁静。

有的人说了，那我可以出家，或者搞灵修什么的，借此摒除掉欲望，消灭欲望，这样就可以看破红尘了！要我说，你早都已经出家了，难道

你不知道吗？听到这里，很多人会吓一跳，摸摸头发还在，说："胡说，吓死宝宝了，我这也没皈依佛门呀！"

在同一个人身上，儒释道这三样哲学都存在，不矛盾，也不冲突。

年轻的时候，我们信儒家，因为儒家讲究修身齐家治国平天下，鼓励人入世，追求功名利禄。所以年轻时的我们要努力，要奋斗，要拼搏，遵循的就是儒家这一套道理。

而到了中年，大概受了些挫折，体会了人间冷暖，感受到自己的无能为力，于是道家就来了。道家讲究"无为"，让人一切顺应天命，顺其自然。所以你会被开导，为自己人生的苦难找一个理由——都是命！

然后到了晚年，走到了最后，要超脱人生境界的时候，佛家就来了。佛家讲究"无常"，人生没有永存的事物或关系，最后都会随着时间崩坏。但是崩坏了也没关系，生死也无惧，为什么？咱们接着转世轮回哪！

所以说，每个中国人都是在带发修行也不夸张。

那为什么还是不成，我们还是一样的焦虑呢？

有一句话说得好：世上没有任何祈祷的效果能胜过欲望。

没有人可以摒除掉欲望，不信你就看身边的人，高僧也好，或者灵修多年的人也好，没人可以做到这一点。很多灵修多年的人，仍然达不到自己内心的宁静。

而且，你说的那种，不是摒除欲望，是在压抑欲望。弗洛伊德有句话说得好：被压抑之物将会重返。

## 第十六章
## 就算我跑得再快，也无法摆脱这样的命运

欲望是消灭不了的。

就像一开头说的，有人说是钱挣得少才会让自己焦虑。其实无论挣多少钱，你该焦虑还是一样会焦虑，因为你的追求是没有止境的，也就没有办法得到永远的满足。

如此说来，我们唯一能达到内心宁静的一个方式，就是学会与欲望共处！

现代人为什么会焦虑，为什么会丧？其背后深层次原因有两个。

第一，你没能完成人生中的任务，没有跟上周围人的节奏。第二，生而为人，逃不开欲望的纠缠，我们本身就带有丧的属性。

### 蜥蜴教你得到真正的幸福

那么我们怎样才能摆脱丧跟焦虑，让自己获得真正的幸福？

这是一个好问题，也是一个大问题。

有人说，看电视、吃美食、逛街、打游戏，甚至来一场说做就做的爱，就会幸福。其实，这些都不是幸福，而是短暂的欢愉和快乐，转瞬即逝，解决不了问题，也消除不了你的丧。

那怎样才能得到真正的幸福呢？

蜥蜴会告诉你该怎么做。

对，你没听错，就是两栖动物的那个蜥蜴。

不知道大家有没有过养蜥蜴做宠物的经历。

有一位心理学家养过一只蜥蜴。这只蜥蜴让他最头疼的事，就是不肯吃东西。他给它准备了生菜、坚果、自己剁的肉馅，甚至亲自抓苍蝇和小虫子。但是都没用，蜥蜴就是什么都不吃，一天天瘦下去，眼看着马上就要饿死了。

有一天，这位心理学家带了一个三明治来吃，分了一些给蜥蜴，蜥蜴仍然不吃。心理学家就没再搭理它，坐下来看报纸。他无意间将一张报纸盖在了三明治上，这时，令人意想不到的一幕发生了，蜥蜴看到报纸后，开始在地面匍匐前进，扭动身躯，调整进攻姿势，一跃而上，跳到报纸上，将它撕个粉碎，然后一口把三明治吃掉。

这是心理学家养了这只蜥蜴这么久，它第一次吃东西。可把他高兴坏了，开心之余，这个心理学家得出了一个结论：不捕猎，就不进食。

也就是说，蜥蜴捕食的行为，跟它的食欲，也就是我们说的幸福感，有着紧密的关系。它需要靠自己的努力去获得一样东西后，才会产生食欲。

尽管我们的大脑和生活习性跟蜥蜴比起来要复杂得多，但这里也有异曲同工之处，就是我们的幸福感其实也跟我们的行为密切相关。

所以，怎样才能让自己得到真正的幸福？就是"没事找事"！

有人会说，你还嫌我不够丧，还没事找事，这是打算让我放弃治疗了吗？

没事找事，是指要给自己设定一件有挑战的，需要付出巨大努力才能完成的事。

比如要考一个非常有难度的证书，要完成一项需要投入你全部心血

## 第十六章
## 就算我跑得再快，也无法摆脱这样的命运

的事业、项目，或者在别的不熟悉的领域有全新的尝试。

为什么说这会让你幸福？

第一，当你为一件事情全情投入时，你肯定会忙。忙是治疗一切神经病的良药。忙到没时间难过，没时间矫情。

第二，为所忙的事殚精竭虑时，会跳出来看过去的生活，会觉得原来过去的生活其实也挺好的，你之所以痛苦，是因为没有经历更痛苦的事。

第三，付出巨大努力的结局会有两个结果，第一是失败。有人要说，那失败了我还能幸福吗？相信我，失败后你会收获很多。为什么这么说？中国人讲究一件事，祸福相依。其实这世上并没有绝对的失败，对某件事情而言的失败，有可能是在为下一件事情做铺垫。只是说你短时间内还看不清楚而已。

而且马斯洛说得好……

谁是马斯洛？

就是提出"需求层次理论"的，那个在心理学界，地位跟弗洛伊德有的一拼的老头，马斯洛。需求层次理论，是说将人类需求像阶梯一样从低到高，按层次分为五种：

最底下是生理需求，再上一层是安全需求、社交需求、尊重需求，最后，最上面的是自我实现需求。

人只有当基础需求满足了，比如吃喝拉撒睡，才能有往更高一层次追求的想法，就是我们说的"有了饱暖才思淫欲"。但是这个顺序也不是绝对的，有的时候，当基础需求没有满足时，也可以直接追求最高级的

需要，比如说什么呢？殉道者！还有在西藏的路上，大家经常看到的做"等身长跪"的修行者。这些都是跳过基础需求，直接追求最高层次需求的人。

那么需求层次理论在我们生活中有什么体现呢？

在一个国家中，多数人的需求层次的结构，是体现了这个国家的发展水平的。在发展中国家，生理需求和安全需求占主导的人数比例较大，也就是说，这些最基础的需求，对我们来说，占的比重比较大。

这个很好理解，比如拼多多上市。有句话说得好，现阶段中国的市场经济是"得人民群众者，得天下"。因为我们大多数人目前所在的需求层面就是这样的，还停留在需求金字塔底层阶段。

而在发达国家，则刚好相反，自我实现等高级需求的人数比例较大。

所以有时候，你看到一些外国人的做法很不理解，比如追求一些危及生命的极限运动，或者抛家舍业的，捐出全部家产，到异地做援助和支教。你在想，他们是不是吃饱了撑的啊？

然而现实情况是，他们就是吃饱了撑的！这就是在满足了对基础需求的追求后，追求更高层次需求的表现。

现在说回来，马斯洛关于失败说了什么？他说："人类一生中最重要的学习经验和成长经验，来自什么呢？来自悲剧、死亡和其他创伤经历，因为它们能让人以全新的眼光来看待生活。"可以说，有的时候，失败可以带领你进入一个全新的世界。

那么如果你努力的结果是成功了，你将会真的幸福，因为这种付出巨大努力得来的成功，是那些短暂的快乐无法相提并论的。它是种深层

第十六章
就算我跑得再快，也无法摆脱这样的命运

次的满足，可能会伴随你一生。而且因为这种成功，你的人生也会发生质变。

## 如何获得"捕猎"的勇气？

有的人看到这里，说，我明白了，幸福感绝不是干坐着就能获得，是要像蜥蜴一样去捕食、去狩猎，才能体会到。

可关键问题是，我不敢呀。我要是敢，我现在不早就去做了？其实我想做的有很多。

那么下面就给你安排一下，给你打打气，给你去捕猎的勇气。

这里要给出一个心理学名词，叫双重自我。

有人一听，觉得有点耳熟，双重自我？是说多重人格吗，还是精神分裂？

正好，在这里，我们就对这三样特别像的东西，做一个区分。

首先说一下，到底什么是双重自我？

双重自我是指在某种环境下，自我分化成两个运行的整体，一个是你，一个是你未知的替身。而这种转换，是在潜意识中完成的。

那么，怎样区分精神分裂、多重人格和双重自我呢？

我们可以用肉体和灵魂来打比方——

**精神分裂**：一个肉体，一个灵魂。（灵魂支离破碎。）

多重人格：一个肉体，好多个灵魂。（灵魂完整。）

双重自我：一个肉体，一个灵魂。（灵魂完整。）

具体来说——

精神分裂虽然只有一个灵魂，但这个灵魂本身是支离破碎、残缺、紊乱和痛苦的。

很多人认为，精神分裂者，就是我们说的"疯子"，他们其实是有自己独特的精彩的内心世界的。

其实，这只能说是艺术作用对他们的加工，在现实生活中，如果你去过精神病院，就会知道，真实的精神分裂症患者，本身是没有任何思考和认知的逻辑的，在他们的灵魂世界中，一切都是混乱和失控的。

多重人格就是一个肉体有很多个灵魂，每个灵魂都是正常的。这每个灵魂可以说是完全代表了不同的人，甚至是动物。然后这些灵魂一直在这个肉体中抢夺主导权。

所以，你可以看到一个多重人格者，前一分钟还表现的是温柔的小姑娘，下一秒就可能变成一个抠脚大汉，甚至是一条狗。多重人格转换体现在母语的系统会发生改变，甚至字迹和优势手都会发生改变。

最后说下双重自我跟前两者的最本质的区别，它不是病态的。一个肉体只标配一个灵魂，而且灵魂还是正常的。而所谓的"双重"，是说，相当于把灵魂看成一枚硬币，有两面之分，有时我们是正面，有时是反面，有时是好，有时是坏。但这并不影响它本身还只是一枚硬币，而我们也只是一个灵魂。

正是有"双重自我"这样一个东西的存在，才能够让人在精神正常

## 第十六章
### 就算我跑得再快，也无法摆脱这样的命运

的情况下，也会判若两人！

举个例子，我们中国有一句古话，叫作"时穷节乃见"，取自南宋末期的政治家、文学家文天祥的《正气歌》。这句话是说，在危难的关头，一个人的节操才能显现出来。

这里的"节"，或者"节操"，其实就是"双重自我"中的那一个隐藏的，不到万不得已不会现身的，又无比真实强大的自我。

就拿我们身边的事来说，有人曾做过一项调查："人们对在公众场合演讲感到恐惧"排在第一位，甚至超过对死亡的恐惧，大多人干脆直接逃避在公众场合上的演讲，从来不去考虑这种情况。而在"逃无可逃"，必须得上台演讲的时候，该怎么办呢？

事实证明，在公开演讲前，害怕到浑身冰冷，直冒冷汗，肠胃绞痛，甚至期望能从哪里发射过来一枚导弹将演讲台炸掉的人，当他们真正上台演讲时，基本上都能发挥得非常不错，事后自己也比较满意。

这其实就是"双重自我"的作用。它让你一上台后，你就不是"你"了。"替身自我"在紧急关头挺身而出，代替了你。它有着你意想不到的"演讲"潜能，帮你顺利完成在你看来异常艰巨的任务。"替身自我"："看你紧张成那个样子，该不会挺不住而抽过去吧，还是让我来吧！"

有一种有趣的说法，"替身自我"相当于一个人的影子，或者说是镜像，如果一个人失去了"替身自我"，也就意味着死亡，因为鬼，都是没有影子的。

再打个比方，你有一个男领导特别难相处，特别严厉，甚至龟毛，不通情达理，性格也很极端。给你的感觉是，如果哪个女人嫁给他，还

真是受苦受难。但实际情况恰恰相反，他的爱人过得很幸福，因为他爱人眼中的他儒雅、宽厚、温存，让你甚至怀疑不是同一个人。

这就是他的"双重自我"，在不一样的场合表现出不一样的自己。尤其是当环境很极端，而他又必须选择留在其中的时候，那么他只有选择转换角色才能做到。在工作中，他需要严厉、苛责、公事公办的一面；而在生活中，他需要另一面——做一个温情的丈夫。

还有，我们身边的"平民英雄"，那些在关键时刻奋不顾身、舍己救人的人。也许就在几天前看到这样的新闻，他们还会感到不解，觉得换成自己绝不会那样做，因为胆小，顾虑重重。但是，真正到了关键时刻，这些"平民英雄"却毫不犹豫，果断出手，因为在他们体内，藏着一个连他们自己都没有意识到的"高尚人格"——那个无所畏惧，勇往直前的"替身自我"！

双重自我，就是这样，在某种特定情况下，调动出你的"替身自我"，而这个"替身自我"，是你意想不到的另外一面。

如此说来，如果生活中遇到不错的机会，即使自己觉得没有足够把握，也不妨大胆放手一试！别忘了，你可不是一个人在战斗。

当情况危急的时候，"替身自我"会被召唤出世，它的潜能是巨大的，会比你想象中要厉害得多。它会替你披荆斩棘，所向披靡，完成那些你不敢做的，或者以为做不好的事！

图书在版编目（CIP）数据

重口味心理学：我们内心的小怪兽 / 姚尧著. —长沙：湖南文艺出版社，2019.5
ISBN 978-7-5404-9100-0

Ⅰ.①重… Ⅱ.①姚… Ⅲ.①心理学—通俗读物 Ⅳ.① B84-49

中国版本图书馆 CIP 数据核字（2019）第 048042 号

© 中南博集天卷文化传媒有限公司。本书版权受法律保护。未经权利人许可，任何人不得以任何方式使用本书包括正文、插图、封面、版式等任何部分内容，违者将受到法律制裁。

上架建议：畅销·心理学

ZHONG KOUWEI XINLIXUE：WOMEN NEIXIN DE XIAO GUAISHOU
重口味心理学：我们内心的小怪兽

| 作　　者：姚　尧 |
| 出 版 人：曾赛丰 |
| 责任编辑：薛　健　刘诗哲 |
| 监　　制：毛闽峰　李　娜 |
| 策划编辑：张　璐 |
| 特约编辑：邱培娟 |
| 营销编辑：吴　思　焦亚楠　刘　珣 |
| 封面设计：介末设计 |
| 版式设计：利　锐 |
| 出版发行：湖南文艺出版社 |
| 　　　　　（长沙市雨花区东二环一段 508 号　邮编：410014） |
| 网　　址：www.hnwy.net |
| 印　　刷：三河市中晟雅豪印务有限公司 |
| 经　　销：新华书店 |
| 开　　本：787mm×1292mm　1/16 |
| 字　　数：177 千字 |
| 印　　张：15.5 |
| 版　　次：2019 年 5 月第 1 版 |
| 印　　次：2019 年 5 月第 1 次印刷 |
| 书　　号：ISBN 978-7-5404-9100-0 |
| 定　　价：42.80 元 |

若有质量问题，请致电质量监督电话：010-59096394
团购电话：010-59320018